I0492448

Cose da Fare Mentre Caghi

Libro di Attività per Adulti con Giochi, Barzellette, Puzzle, Sudoku e Molto Altro

SUDOKU #1

		6				5		
4	5				2			9
9	2	7		8		3	6	4
						2		
8			7					1
6				3	4	9		
	8						9	3
2			9					5
1	3		5			7		6

SUDOKU #2

	5	3		4		9		6
		1		5				
9		7					4	
		6	1	8	7		5	
						6		
3		2			6			7
2	6	9			1	5	3	
				6		8	7	
	7	8	4	2		1		

TROVA LE PAROLE

ARREDAMENTO

A	M	A	C	A	R	M	A	D	I	O	J	H	L	I
E	O	O	Z	A	D	A	P	M	A	L	A	K	Q	N
L	R	N	N	N	L	A	M	P	A	D	A	R	I	O
E	I	E	I	A	E	O	S	S	A	R	E	T	A	M
T	L	B	I	D	V	D	D	E	P	P	N	J	T	H
T	S	O	R	L	O	I	E	T	P	O	S	F	A	C
O	S	C	S	E	E	M	D	R	P	L	U	P	P	E
D	F	E	A	N	R	D	O	R	C	T	D	F	P	J
F	C	L	D	F	E	I	N	C	A	R	Y	S	E	R
F	J	U	Q	I	F	M	A	A	M	O	R	N	T	Y
A	D	N	E	T	E	A	L	Q	C	N	E	H	O	S
T	A	V	O	L	O	E	L	K	I	A	X	W	S	I
Q	D	S	C	A	R	P	I	E	R	A	H	J	Z	H
J	T	M	I	F	B	F	L	Q	T	U	H	C	Z	U
O	B	S	B	N	E	Q	J	C	X	A	V	X	D	J

AMACA
ARMADIO
CANDELIERE
COMODINO
CREDENZA
DIVANO
LAMPADA

LAMPADARIO
LETTO
LIBRERIA
MATERASSO
MENSOLE
POLTRONA
POUF

SCAFFALE
SCARPIERA
SEDIE
TAPPETO
TAVOLO
TENDA

TROVA LE PAROLE
CAPITALI EUROPEE

```
M  I  J  Q  A  O  S  B  O  L  O  N  D  R  A
N  A  E  P  T  D  N  E  U  N  P  R  V  X  J
H  E  D  A  E  I  I  I  L  D  I  R  O  H  E
E  G  H  R  N  J  G  R  L  L  A  L  A  M  G
L  B  A  G  E  O  I  I  D  R  E  P  B  G  A
S  T  E  A  A  T  L  I  R  A  E  X  E  U  A
I  O  O  J  R  N  S  F  E  A  M  B  U  S  D
N  U  T  U  J  F  E  M  G  P  P  L  Y  R  T
K  A  N  N  E  I  V  P  A  Z  R  R  Y  C  B
I  L  I  S  B  O  N  A  O  Z  X  N  L  C  P
X  J  X  F  T  N  L  H  I  C  L  N  F  X  A
Q  C  B  F  U  G  J  S  K  Y  I  M  P  X  A
D  L  R  A  C  L  C  K  K  L  S  I  N  N  N
Y  B  F  R  X  F  K  T  I  H  U  B  L  X  B
E  K  B  Z  U  Y  G  H  O  W  G  E  G  C  R
```

AMSTERDAM	DUBLINO	PRAGA
ATENE	HELSINKI	ROMA
BERLINO	LISBONA	VIENNA
BRUXELLES	LONDRA	
BUDAPEST	MADRID	
COPENAGHEN	PARIGI	

TROVA I NUMERI #1

4	1	6	4	1	8	9	4	7	5	7	4	9	3	8
4	7	1	8	1	1	0	2	5	4	1	0	2	5	4
6	3	7	2	3	5	8	2	4	2	7	4	0	2	3
5	5	8	4	7	7	5	5	4	7	4	1	0	3	3
2	0	4	2	1	0	8	0	1	3	3	3	7	8	8
5	0	1	0	7	4	3	1	4	1	3	2	4	8	9
9	2	7	2	3	4	0	1	7	0	8	0	1	9	4
0	7	5	7	2	0	5	1	4	0	2	2	1	9	3
7	8	9	8	8	3	9	5	1	7	4	3	4	8	4
6	9	7	0	5	8	6	1	4	4	7	5	6	3	1
0	4	4	1	5	0	7	1	4	2	7	4	7	6	7
4	4	6	5	8	7	2	8	4	0	1	0	4	1	4
8	0	4	5	0	3	4	1	1	9	5	8	1	4	4
8	0	0	2	7	0	9	4	7	1	0	0	4	0	0
4	5	0	0	7	0	4	9	3	3	0	7	6	7	0

20278	540718738	8943417440
143054	670339407	88998361407
4741033	907604884	839475749814
20405514	1025410254	
27894400	2077887811	
34475097	2455472834	
82427402	2709471004	
110414774	5403091405	
270314774	7411467414	

Quiz

Chi è il regista di "Interstellar"?

Christopher Nolan
David Lynch
I fratelli Coen
George Lucas

Quale è la capitale di Malta?

Mdina
Rabat
Birgu
Valletta

Chi era solito dipingere volti umani con le sembianze di frutta?

Van Gogh
Caravaggio
Arcimboldi
Nessuno di questo

TROVA LA "F"

```
EEEEEEEEEEEEEEEEEEEEEEEEEEEEEEEEEEEEEEEEEEEEEEEEEEEEEE
EEEEEEEEEEEEEEEEEEEEEEEEEEEEEEEEEEEEEEEEEEEEEEEEEEEEEE
EEEEEEEEEEEEEEEEEEEEEEEEEEEEEEEEEEEEEEEEEEEEEEEEEEEEEE
EEEEEEEEEEEEEEEEEEEEEEEEEEEEEEEEEEEEEEEEEEEEEEEEEEEEEE
EEEEEEEEEEEEEEEEEEEEEEEEEEEEEEEEEEEEEEEEEEEEEEEEEEEEEE
EEEEEEEEEEEEEEEEEEEEEEEEEEEEEEEEEEEEEEEEEEEEEEEEEEEEEE
EEEEEEEEEEEEEEEEEEEEEEEEEEEEEEEEEEEEEEEEEEEEEEEEEEEEEE
EEEEEEEEEEEEEEEEEEEEEEEEEEEEEEEEEEEEEEEEEEEEEEEEEEEEEE
EEEEEEEEEEEEEEEEEEEEEEEEEEEEFEEEEEEEEEEEEEEEEEEEEEEEEE
EEEEEEEEEEEEEEEEEEEEEEEEEEEEEEEEEEEEEEEEEEEEEEEEEEEEEE
EEEEEEEEEEEEEEEEEEEEEEEEEEEEEEEEEEEEEEEEEEEEEEEEEEEEEE
EEEEEEEEEEEEEEEEEEEEEEEEEEEEEEEEEEEEEEEEEEEEEEEEEEEEEE
EEEEEEEEEEEEEEEEEEEEEEEEEEEEEEEEEEEEEEEEEEEEEEEEEEEEEE
EEEEEEEEEEEEEEEEEEEEEEEEEEEEEEEEEEEEEEEEEEEEEEEEEEEEEE
EEEEEEEEEEEEEEEEEEEEEEEEEEEEEEEEEEEEEEEEEEEEEEEEEEEEEE
EEEEEEEEEEEEEEEEEEEEEEEEEEEEEEEEEEEEEEEEEEEEEEEEEEEEEE
EEEEEEEEEEEEEEEEEEEEEEEEEEEEEEEEEEEEEEEEEEEEEEEEEEEEEE
EEEEEEEEEEEEEEEEEEEEEEEEEEEEEEEEEEEEEEEEEEEEEEEEEEEEEE
```

INDOVINELLO #1

A 6 ANNI MIO FRATELLO HA LA METÀ DEI MIEI ANNI

ADESSO CHE HO 54 ANNI, QUANTI ANNI HA MIO FRATELLO?

REBUS #1

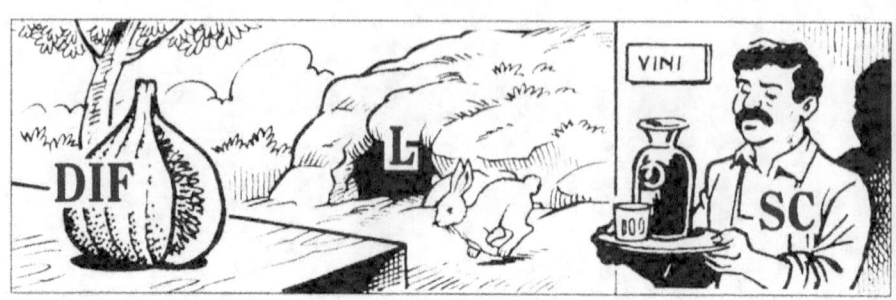

PAROLE CROCIATE #1

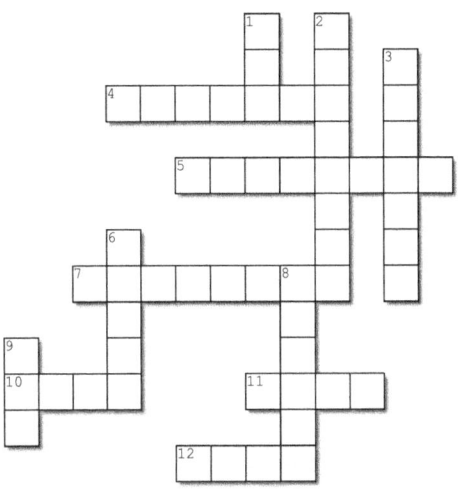

Orizzontale

4. Si stringe con la chiave inglese
5. Una scatola musicale
7. Fa un giro attorno al centro
10. Erano sacri ai pagani
11. Si salvò dall'incendio di Troia
12. Un vento dell'alto Adriatico

Verticale

1. Tornaconto, vantaggio
2. Lo è il cielo sereno di notte
3. Lo sono le briglie nel galoppo
6. Abbondanti e fitti
8. Provata dalla fatica
9. Per poco non è zero

Lo sapevi che?

Pikachu è una femmina.

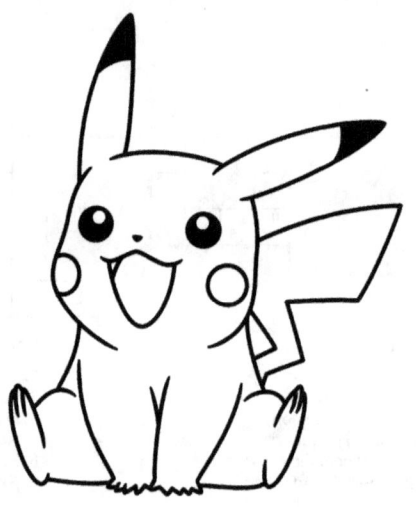

Freddure

Qual è il contrario di "melodia" ? "Se-lo-tenga"

Sai dove abita lo strappo alla regola? - In via del tutto eccezionale!

COMPLETA IL LABIRINTO

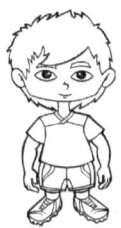

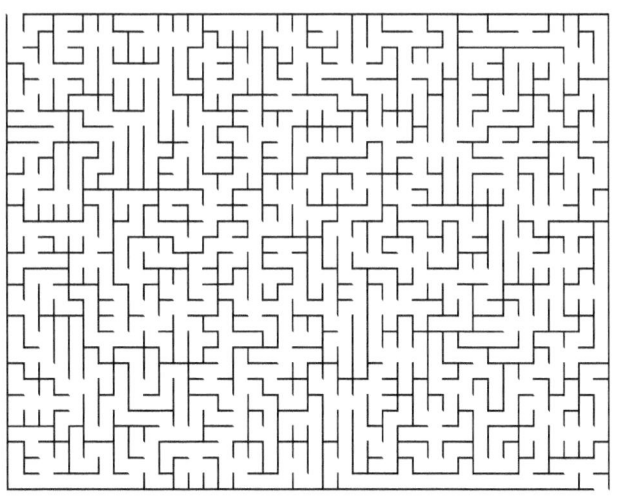

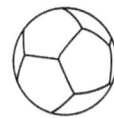

PAROLE CROCIATE #2

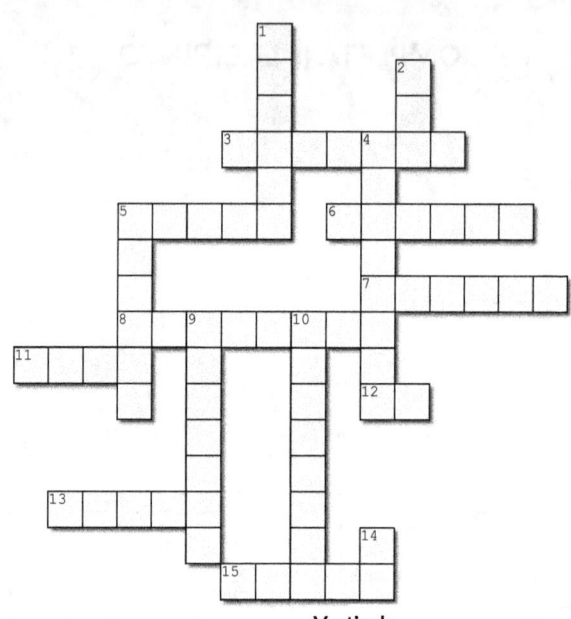

Orizzontale

3. Li impila il muratore
5. L'accelera il frettoloso
6. La pietra che fa scintille
7. Tener nascosto, occultare
8. Lo ricevette Mosè
11. Intelletti superiori
12. Un pezzo di Olanda
13. Pianta carnosa
15. E' un somaro

Verticale

1. Insolito, fuori dall'ordinario
2. Un sostenitore accanito di un cantante
4. Il responso dell'astrologo
5. E' dolce nella collina
9. Un divertente genere teatrale
10. Aiutano la vista
14. In fondo al periodo

Quiz

Chi sono i Dallas Cowboys?

Una squadra di calcio
Una squadra di basket
Una squadra di football americano
Nessuna di queste

Chi ha scritto la saga "Shadowhunters"?

Stephen King
Cassandra Clare
Charles Bukowski
J.K. Rowling

Chi inventò la moneta?

Cinesi
Indiani
Fenici
Americani

TROVA LE 8 DIFFERENZE

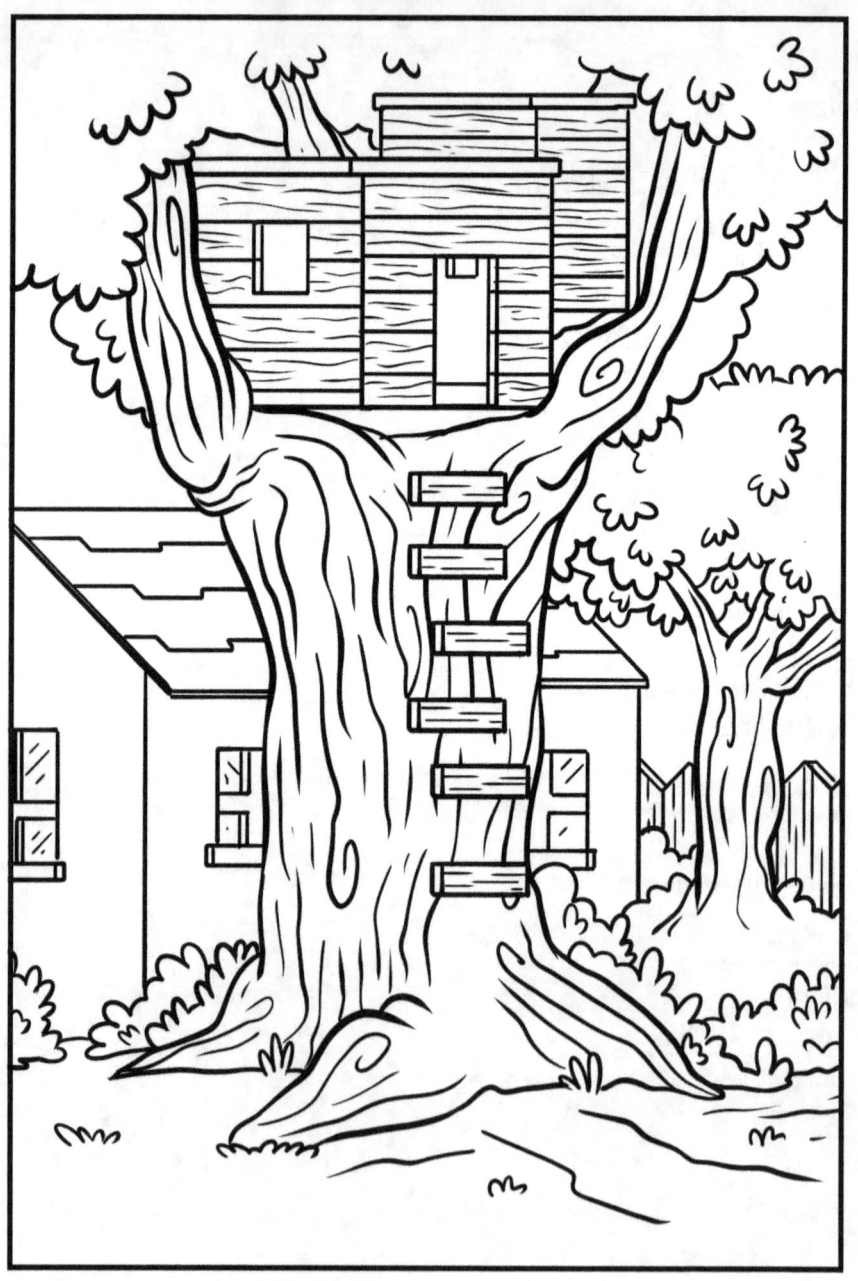

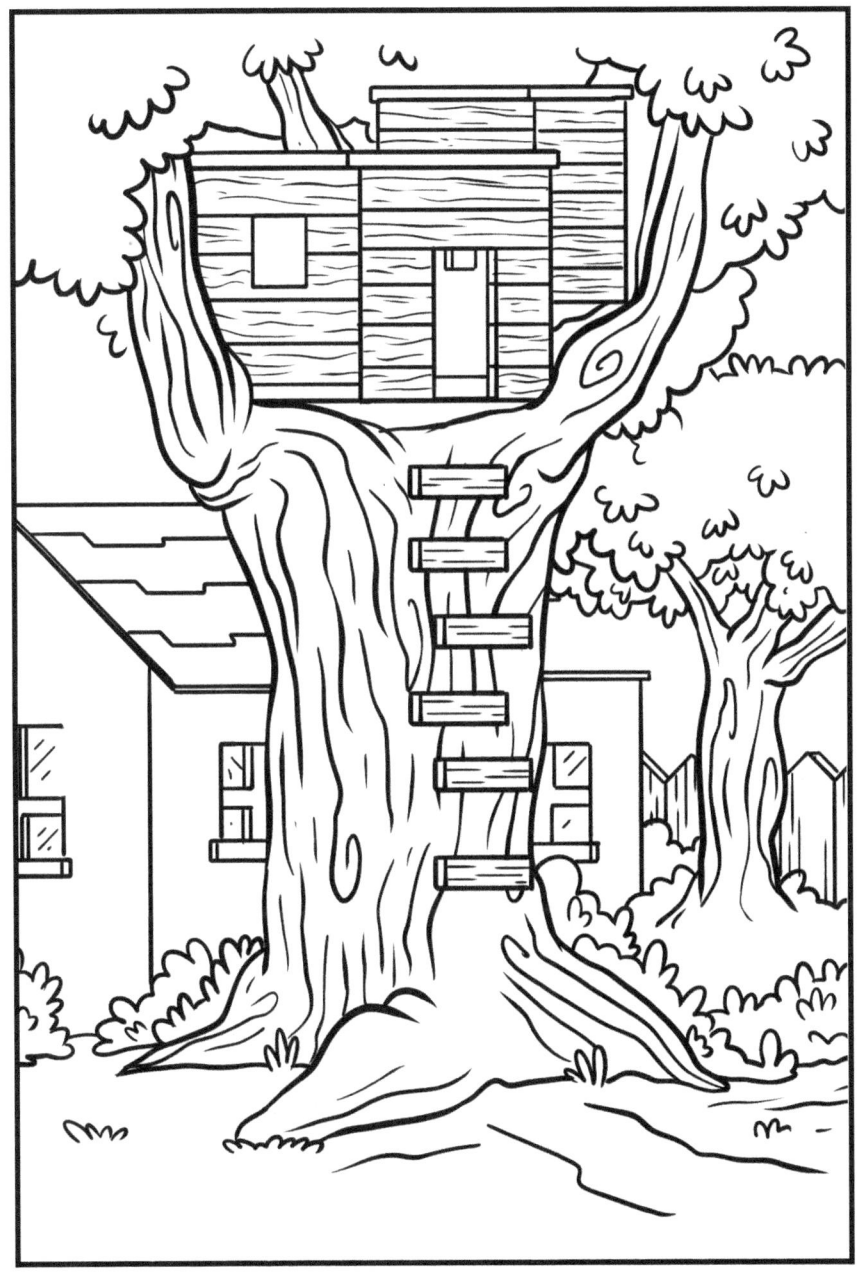

Lo sapevi che?

Il Koala è l'animale più pigro del mondo: può dormire fino a 20 ore al giorno.

Quiz

Cosa significa in greco "eros"

Amore
Tristezza
Paura
Felicità

Freddure

Cosa fanno due avvocati cinesi a natale? I LEGALI.

Come dicono le galline: "se beccamo domani".

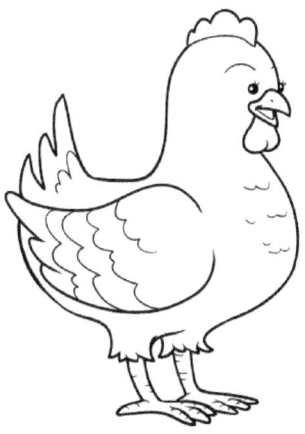

Quiz

Mondiali 2006 in Germania.
Chi segnò il goal vittoria contro l'Australia?

Totti
Del Piero
Pirlo

Lo scirocco è un vento che proviene da:

Sud-est
Sud
Sud-ovest

Ci sono esseri viventi unicellulari, chi sono?

I vegetali
Gli animali
Gli esseri umani
I batteri

SUDOKU #3

1		7	6	4		2		
		9	5					
2		5				7	4	
		4	8					1
		6	3	1	2			
	2	1	4				6	8
							5	
6			9	5	1			2
4		2	7			8		

Quiz

In quale secolo venne inventata la macchina fotografica?

'800
'900
'700
'300

SUDOKU #4

	5	3		4		9		6
		1		5				
9		7					4	
		6	1	8	7		5	
						6		
3		2			6			7
2	6	9			1	5	3	
				6		8	7	
	7	8	4	2		1		

Lo sapevi che?

Nella celebre serie tv "The Walking Dead" la parola
Zombie non è mai stata pronunciata.

TROVA LE PAROLE

VIAGGIARE

O	T	R	O	P	O	R	E	A	U	T	O	B	U	S
I	C	H	A	X	T	T	H	V	O	A	S	I	B	F
S	R	A	O	R	O	R	T	V	R	E	S	O	R	T
P	Z	A	M	T	B	E	E	E	O	V	S	Y	Y	I
I	A	N	L	P	E	E	N	N	I	A	M	U	E	T
A	I	S	V	O	E	L	D	T	O	L	S	G	K	L
G	N	S	S	O	C	R	A	U	Z	I	G	F	M	J
G	O	O	B	A	J	I	A	R	I	G	S	I	W	Q
I	R	X	Q	A	P	T	R	A	S	I	K	E	B	C
A	N	G	A	T	N	O	M	U	T	A	O	A	F	N
K	J	G	K	F	Z	Z	R	T	A	V	R	D	M	O
Q	M	Z	Z	V	W	G	K	T	E	J	R	L	M	R
J	M	N	N	H	F	N	M	Q	O	O	A	O	O	H
Q	H	R	G	A	O	X	P	H	E	T	J	T	H	H
G	C	W	K	Q	P	A	C	J	Y	D	X	S	J	Z

AEROPORTO
AURICOLARI
AUTOBUS
AVVENTURA
BIGLIETTO
CAMPER

HOTEL
MONTAGNA
OASI
PASSAPORTO
RESORT
SPIAGGIA

TENDA
TRENO
VALIGIA
ZAINO

TROVA LE PAROLE
GENERI MUSICALI

```
B  C  A  R  A  I  B  I  C  A  D  D  F  P  H
L  O  A  C  O  U  N  T  R  Y  V  A  U  O  V
U  P  C  C  I  N  O  I  S  U  F  M  N  P  U
E  A  O  S  I  S  O  E  T  P  A  R  K  C  U
S  R  N  H  I  N  S  R  J  A  Z  Z  B  J  E
F  E  E  I  P  D  O  A  I  P  L  K  C  O  R
B  G  B  G  T  I  R  R  L  E  A  I  P  V  N
F  G  M  A  G  A  H  E  T  C  N  R  A  T  V
Q  A  N  X  E  A  L  Y  Y  T  W  T  T  N  R
Q  E  E  V  A  G  E  Z  K  D  E  L  A  P  A
I  T  H  B  G  W  S  V  W  U  F  L  K  L  U
N  O  F  Z  A  X  B  O  O  A  L  B  E  A  E
B  N  O  I  B  G  F  B  P  B  N  N  H  K  Z
L  O  M  C  W  V  C  C  L  P  I  H  Q  Q  L
A  U  J  E  K  W  E  C  B  M  S  Y  I  F  H
```

BLUES	FUNK	POP
CARAIBICA	FUSION	RAP
CLASSICA	HIPHOP	REGGAE
COUNTRY	ITALIANA	REGGAETON
DANCE	JAZZ	ROCK
DISCO	LATINA	TRAP
ELETTRONICA	ORIENTALE	

Freddure

Chiude una lavanderia. Faceva affari sporchi.

Il marinaio spiegò le vele al vento, ma il vento non capì...

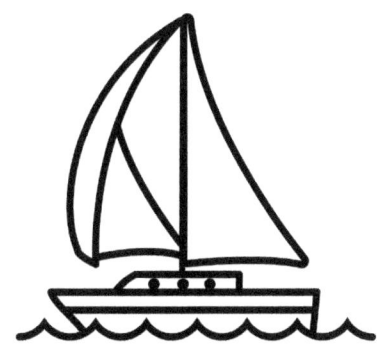

Lo sapevi che?

L'Antartide è l'unico posto al mondo dove non esistono i ragni.

PAROLE CROCIATE #3

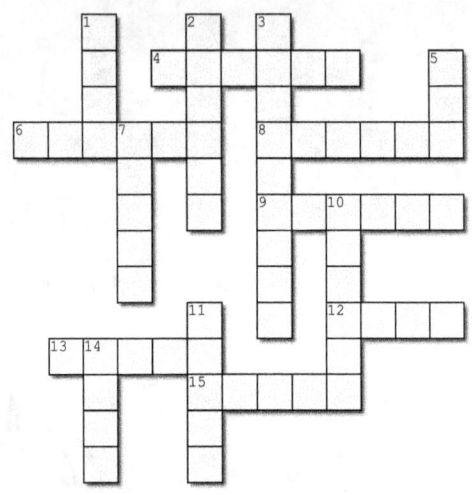

Orizzontale

4. Un attimo di follia
6. Saltellano sui prati
8. Lo è la frutta non matura
9. Lo sono gli agnelli senza lana
12. L'abbandonarono Adamo ed Eva
13. La si cerca per giustificarsi
15. Produzione in massa

Verticale

1. Grattacapi
2. Efficace, idoneo
3. Fra l'Europa e l'America
5. Un centro benessere
7. Di dubbia moralità
10. Annunciano l'arrivo delle ambulanze
11. Una pietra qualunque
14. Affettuosa

PAROLE CROCIATE #4

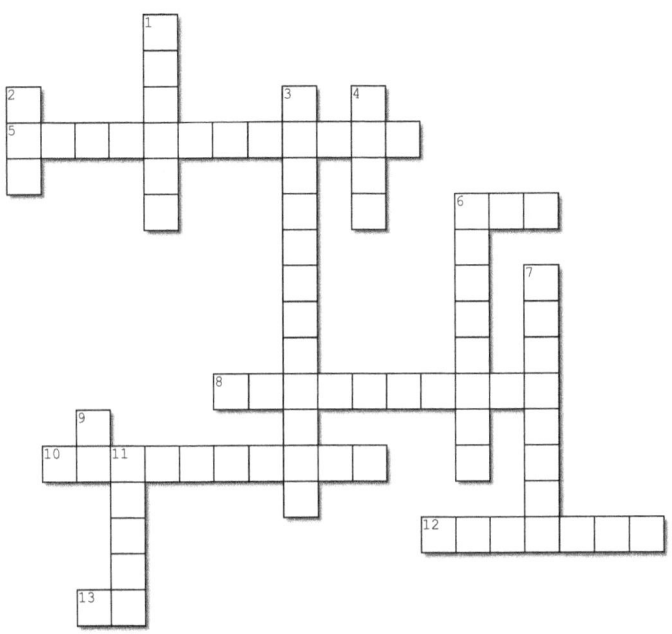

Orizzontale

5. L'arte di Le Corbusier
6. Il tipico bar inglese
8. Pozzi di petrolio
10. Capitale della California
12. Permessi di guida
13. Un secco rifiuto

Verticale

1. Togliere lo sporco
2. Toglie i dubbi all'arbitro di calcio
3. Non può mancare in sala d'attesa
4. Si aprono dopo le votazioni
6. L'inclinazione di una discesa
7. I lacci delle scarpe
9. L'inizio del salto
11. Misura di peso

INDOVINELLO #2

Quanti quadrati riesci a trovare?

Quiz

Che tipo di acido troviamo in un limone?

Solforico
Lattico
Citrico
Nitrico

Di quale città era sindaco Matteo Renzi?

Bologna
Pisa
Firenze
Livorno

Chi è il santo patrono di Milano?

San Nicola
San Marco
San Siro
Sant'Ambrogio

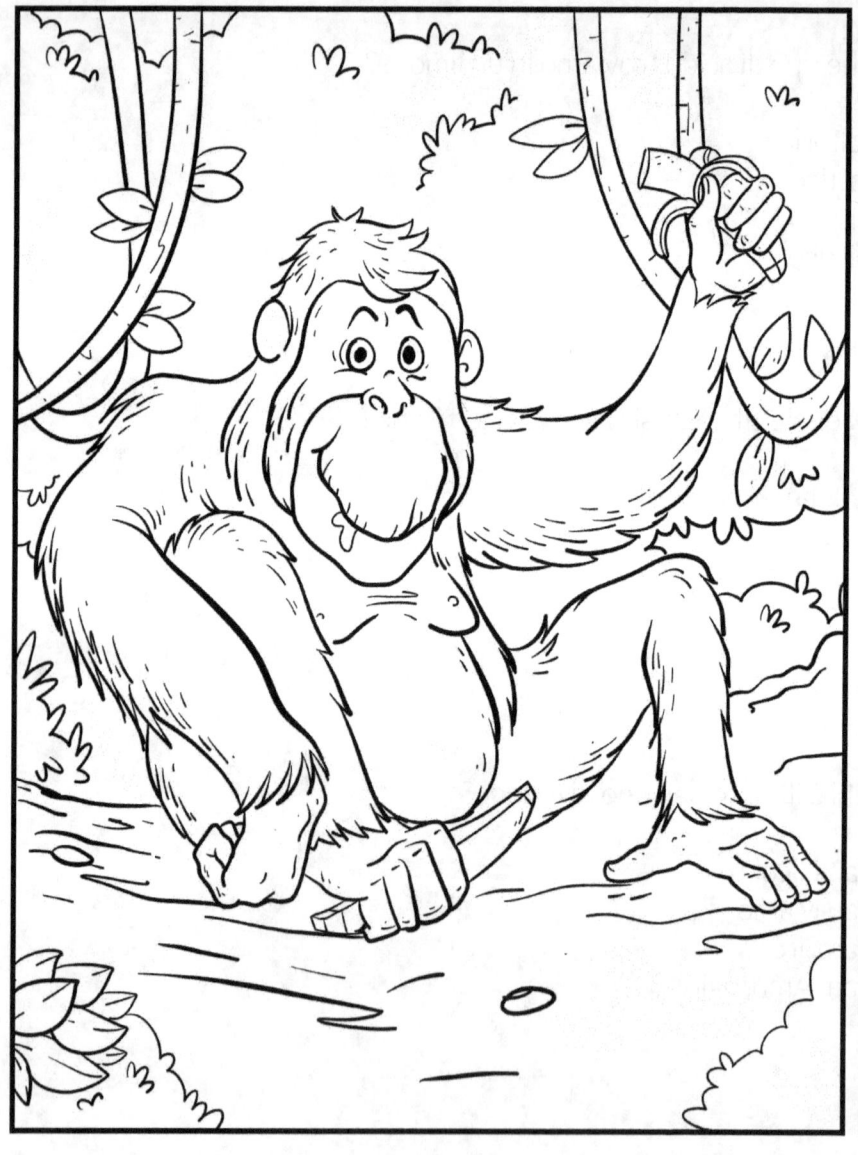

TROVA LE 8 DIFFERENZE

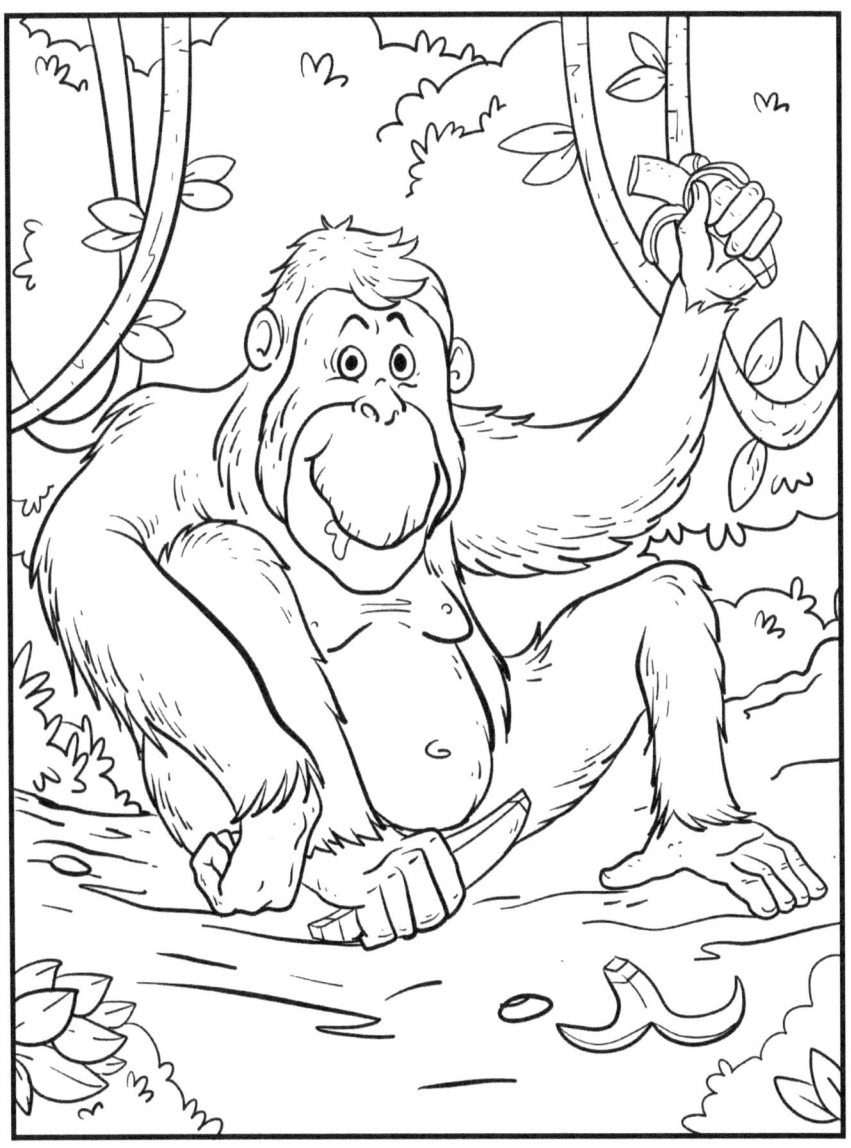

REBUS #2

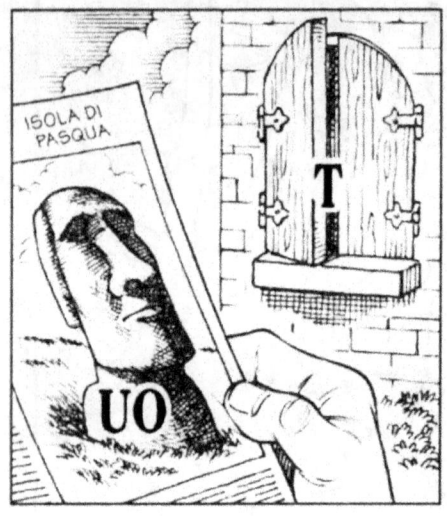

REBUS #3

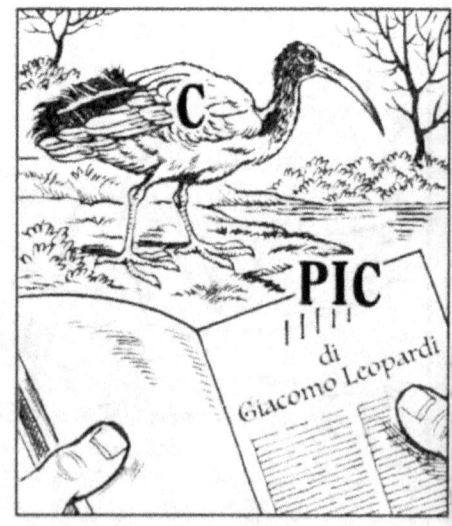

INDOVINELLO #3

Qual è il numero che manca?

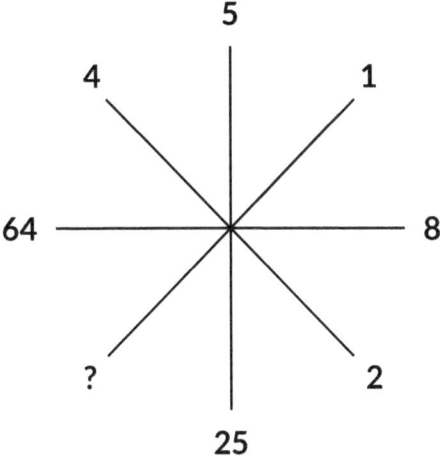

Quiz

Come si chiama il famoso agente della serie televisiva "Il Commissario Montalbano"?

Tatarella
Catarella
Mattarella

Che genere di romanzi ha scritto Agatha Christie?

Romanzi di Fantascienza
Romanzi Gialli
Romanzi Storici
Romanzi di Avventura

Dove si trova Piazza Castello?

Torino
Roma
Venezia
Palermo

SUDOKU #4

		6				5		
5	2						1	
	1			9		3		4
		1	9	2	5			3
2		4			7		5	
	5		1				6	7
	6	7			4		9	
				8	2			
4			7		9			5

SUDOKU #5

2			8			9		
	8	9					2	
3							7	8
	3	2	5	6			4	
4						6	8	5
		1			8		3	
9	5	8	3					
7	2					1	5	3
			4	2	5			7

Lo sapevi che?

L'89% dei telespettatori pensava che Titti fosse una femmina.

TROVA LE PAROLE
FIORI

E	O	G	I	G	L	I	O	L	A	A	U	V	B	Q
A	V	N	E	X	A	R	A	N	A	S	S	B	L	K
P	R	E	A	L	O	I	P	D	A	N	O	O	W	W
E	X	T	N	F	O	S	L	A	N	P	T	M	R	H
O	N	A	S	A	O	S	D	O	P	A	I	A	I	S
N	Q	G	L	E	C	R	A	C	N	A	V	L	N	M
I	K	M	G	O	N	U	A	R	U	G	V	A	U	A
A	M	R	S	R	I	I	B	G	I	Y	A	E	L	T
X	E	Z	S	C	I	V	G	H	C	G	L	M	R	H
M	A	R	G	H	E	R	I	T	A	D	W	A	C	O
A	L	U	M	I	R	P	T	C	K	F	W	D	N	X
H	C	L	P	D	X	U	R	F	R	B	W	N	S	E
C	B	G	R	E	A	V	Y	F	F	X	T	R	D	C
I	R	E	R	A	W	F	W	C	T	X	B	Y	G	I
X	E	G	Y	T	H	V	P	Q	I	O	E	Y	D	X

BUCANEVE	LAVANDA	PRIMULA
GAROFANO	MAGNOLIA	ROSA
GIGLIO	MARGHERITA	TULIPANO
GINESTRA	MIMOSA	VIOLA
GIRASOLE	ORCHIDEA	
IRIS	PAPAVERO	
LANTANA	PEONIA	

TROVA LE PAROLE
ANIMALI DELLA SAVANA

```
E  R  J  N  I  F  B  M  C  J  Q  B  V  G  I
L  P  A  B  E  F  A  C  O  C  E  R  O  H  P
E  E  O  F  N  G  B  A  C  G  I  J  L  E  P
G  T  O  L  A  K  B  S  C  L  M  N  P  P  O
G  A  N  N  I  V  U  F  O  E  H  I  E  A  P
A  I  Z  A  E  T  I  D  D  I  R  T  E  R  O
Z  R  R  Z  F  P  N  N  R  S  B  G  S  D  T
B  V  B  A  E  E  O  A  I  R  Q  B  I  O  A
S  R  L  E  F  L  L  X  L  F  N  L  I  T  M
V  A  T  X  Z  F  L  E  L  K  A  X  W  N  O
P  I  T  O  N  E  A  A  O  Z  Z  U  R  T  S
L  E  O  P  A  R  D  O  R  N  I  K  D  M  Q
A  T  S  U  G  N  A  M  L  U  Z  T  X  A  K
E  T  N  O  R  E  C  O  N  I  R  U  N  T  N
F  K  B  W  N  O  Y  X  Q  K  P  Q  P  W  D
```

ANTILOPE	GIRAFFA	PITONE
BABBUINO	IENA	RINOCERONTE
COCCODRILLO	IPPOPOTAMO	STRUZZO
ELEFANTE	LEONE	TIGRE
FACOCERO	LEOPARDO	VOLPE
GAZZELLA	MANGUSTA	ZEBRA
GHEPARDO	NIBBIO	

Quiz

Qual è il capoluogo di regione dell'Abbruzzo?

Campobasso
L'Aquila
Pescara
Nessuna delle tre

Come si dice collina in Inglese?

Heel
Hill
Plane
Cloud

Quale paese ha oltre 13000 isole?

Giappone
Australia
Cambogia
Indonesia

TROVA LE 8 DIFFERENZE

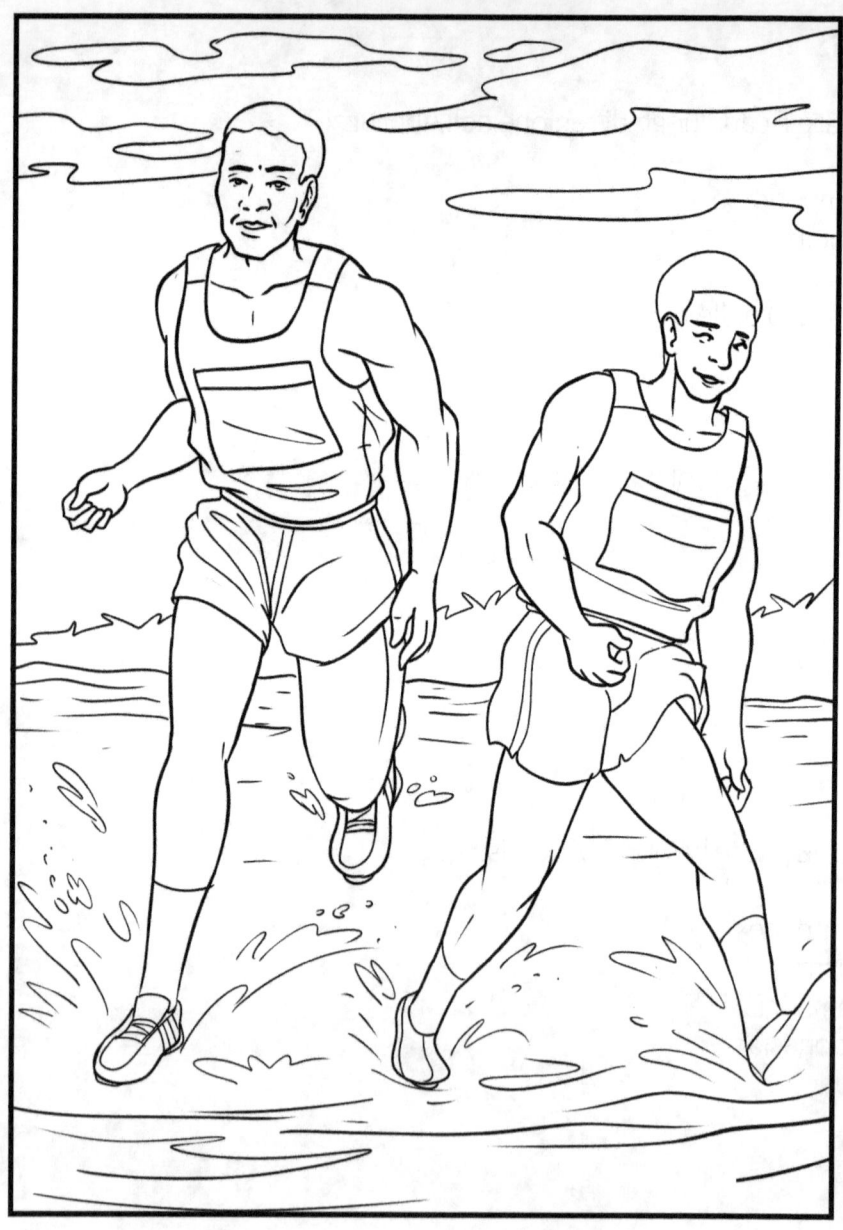

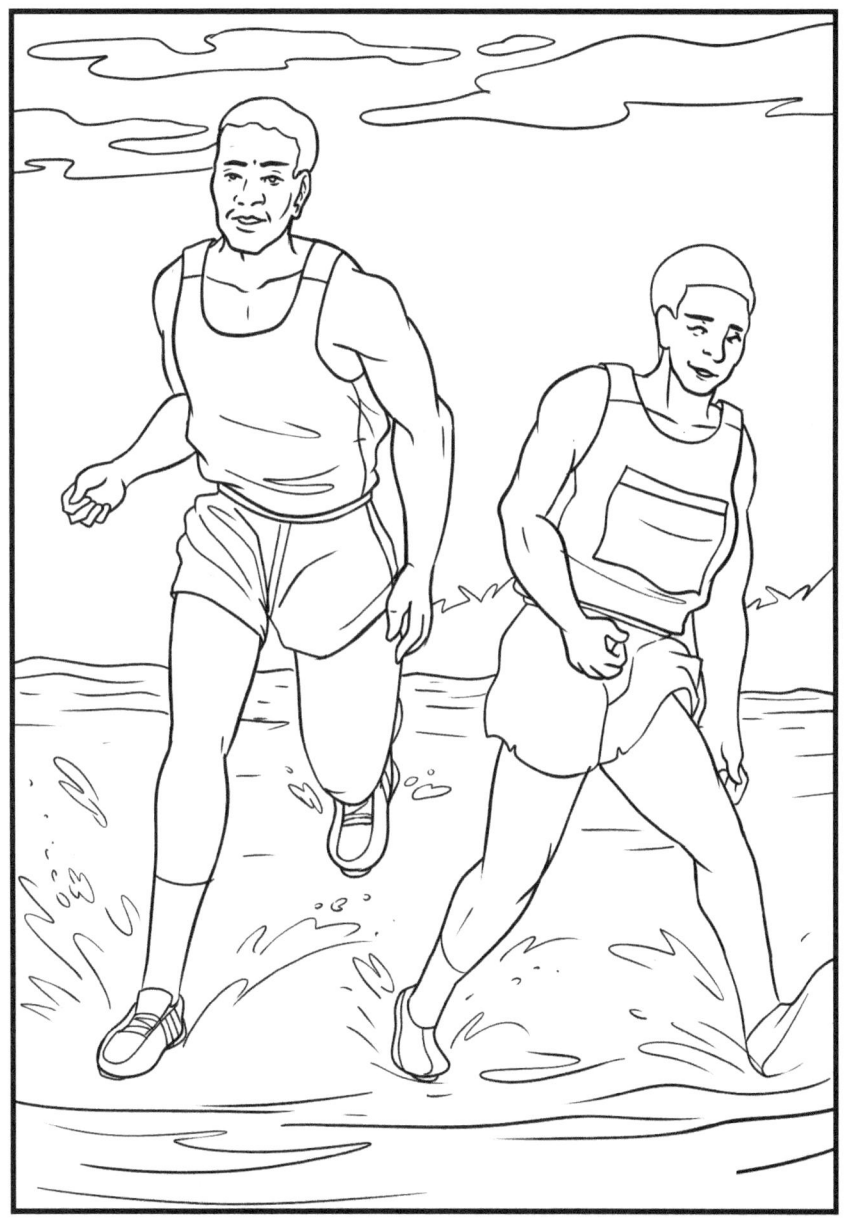

Lo sapevi che?

L'effetto della "pelle d'oca" che alcune persone hanno mentre ascoltano la musica è chiamato "frisson" e alcuni ricercatori lo definiscono come "orgasmo della pelle".

REBUS #4

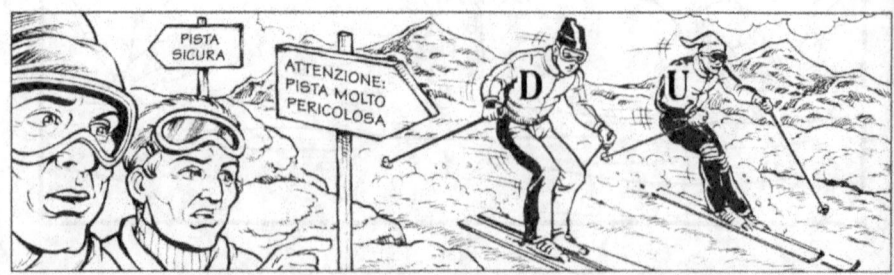

Quiz

Quando entrò in circolazione l'Euro?

2002
2001
2000

A che classificazione appartengono le zecche?

Insetti
Crostacei
Aracnidi
Mammiferi

Quante volte l'Albania ha partecipato ad un mondiale di calcio?

1
3
0
2

COMPLETA IL LABIRINTO

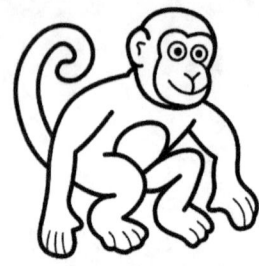

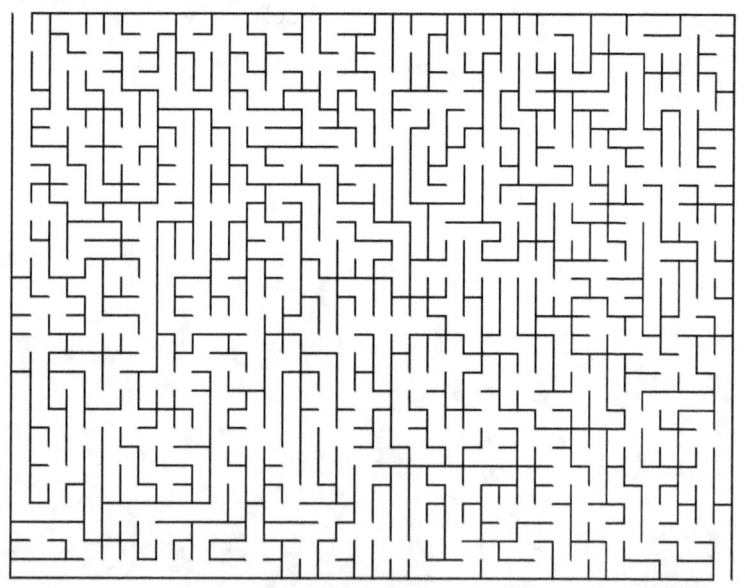

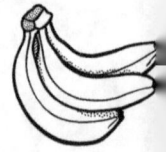

TROVA I NUMERI #2

5	5	5	8	5	2	5	5	7	6	9	7	2	1	3
4	1	8	9	2	0	4	8	3	0	7	2	9	7	6
8	5	5	0	5	2	8	4	5	4	9	4	8	8	2
7	3	6	5	2	4	1	0	1	4	3	9	7	0	2
1	0	7	6	9	8	4	1	0	9	0	2	6	0	5
3	2	4	1	4	8	1	0	9	2	9	2	1	3	4
3	3	0	3	3	7	4	0	2	9	8	4	3	2	8
0	2	3	8	5	2	2	1	6	1	8	0	2	4	3
4	1	3	8	3	4	2	8	3	0	6	7	4	5	9
7	1	0	7	5	1	2	3	3	3	3	7	8	7	2
5	7	4	9	4	8	3	4	1	8	2	7	9	8	1
8	0	8	4	9	4	1	4	7	9	2	4	1	4	4
0	4	9	0	7	3	4	7	4	1	7	0	2	3	3
1	5	7	4	3	4	0	9	7	0	1	0	3	4	6
0	1	0	3	8	7	1	2	3	1	8	0	6	4	2

18583	4760382	88494548
028382	5749483	70384029814
435424	20901489	207147437094
01001834	24101439	414297414948
3409701	74029843	

SUDOKU #6

	5	4			7	8		3
			9	2				5
1	9	7			5			
			3	1				
5			6		9	3		
	1						6	
	6	5		8		9		
3		8			6	4		
		1	5		3			

SUDOKU #7

		2	5	4				7
5	8	9	6		3	2		
4						5	3	8
6							8	
				4	1			
			1					9
			3	5			2	
3	1				6	7	9	4
8								5

Lo sapevi che?

Il contenitore delle sorprese dell'ovetto Kinder è giallo perché rappresenta il tuorlo dell'uovo.

TROVA LE PAROLE

STATI AMERICANI

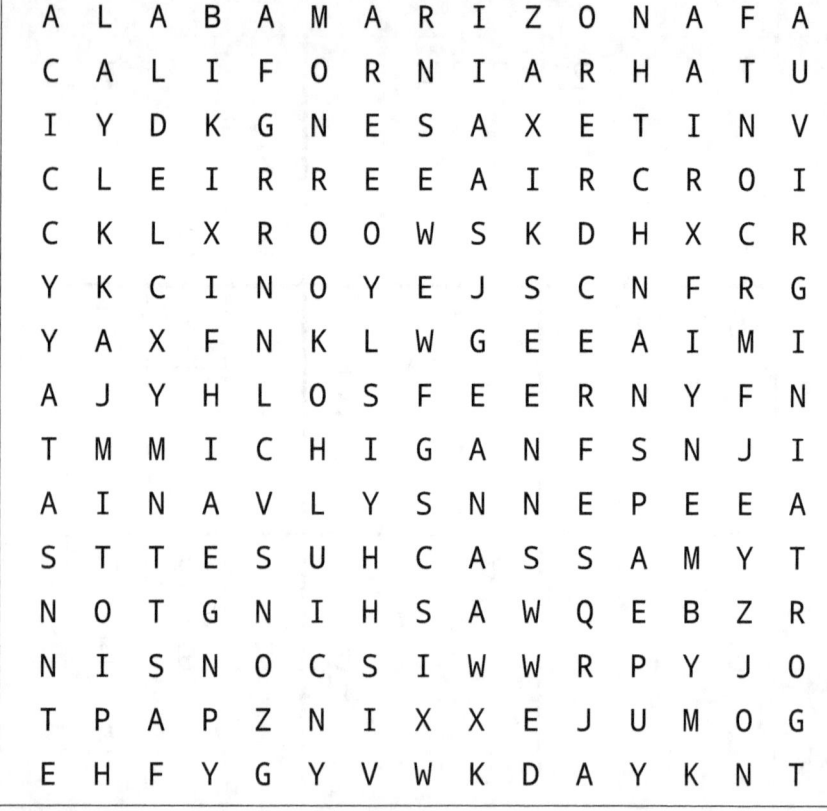

```
A  L  A  B  A  M  A  R  I  Z  O  N  A  F  A
C  A  L  I  F  O  R  N  I  A  R  H  A  T  U
I  Y  D  K  G  N  E  S  A  X  E  T  I  N  V
C  L  E  I  R  R  E  E  A  I  R  C  R  O  I
C  K  L  X  R  O  O  W  S  K  D  H  X  C  R
Y  K  C  I  N  O  Y  E  J  S  C  N  F  R  G
Y  A  X  F  N  K  L  W  G  E  E  A  I  M  I
A  J  Y  H  L  O  S  F  E  E  R  N  Y  F  N
T  M  M  I  C  H  I  G  A  N  F  S  N  J  I
A  I  N  A  V  L  Y  S  N  N  E  P  E  E  A
S  T  T  E  S  U  H  C  A  S  S  A  M  Y  T
N  O  T  G  N  I  H  S  A  W  Q  E  B  Z  R
N  I  S  N  O  C  S  I  W  W  R  P  Y  J  O
T  P  A  P  Z  N  I  X  X  E  J  U  M  O  G
E  H  F  Y  G  Y  V  W  K  D  A  Y  K  N  T
```

ALABAMA	MASSACHUSETTS	TEXAS
ARIZONA	MICHIGAN	UTAH
CALIFORNIA	NEW JERSEY	VIRGINIA
FLORIDA	NEW YORK	WASHINGTON
GEORGIA	OHIO	WISCONSIN
ILLINOIS	PENNSYLVANIA	
INDIANA	TENNESSEE	

48

TROVA LE PAROLE
COLORI

A	E	A	R	G	E	N	T	O	B	E	I	G	E	B
M	U	N	O	F	I	L	F	O	R	F	P	C	N	I
B	A	L	O	L	Y	A	U	M	I	R	G	U	E	A
R	R	T	B	I	L	V	C	O	A	G	U	W	R	N
A	O	A	N	L	C	A	S	U	S	R	I	Z	O	C
V	S	T	I	E	O	N	I	M	H	S	R	R	Z	O
E	A	W	U	B	G	D	A	G	H	W	O	O	G	A
R	V	D	L	R	B	A	S	R	G	Z	Q	R	N	Y
D	W	W	O	B	C	A	M	D	A	L	O	I	V	E
E	P	H	X	M	W	H	S	J	U	P	H	A	P	V
C	Q	A	G	D	B	F	E	X	U	H	L	C	K	G
D	W	U	U	H	E	Q	O	S	H	F	R	X	I	P
V	J	B	T	W	R	S	X	D	E	Q	L	X	O	E
M	N	O	O	K	P	K	F	P	V	X	H	J	T	P
G	K	W	W	G	Z	K	D	J	P	V	H	G	T	C

AMBRA	FUCSIA	ROSA
ARANCIONE	GIALLO	ROSSO
ARGENTO	GRIGIO	SABBIA
AZZURRO	LAVANDA	TURCHESE
BEIGE	MAGENTA	VERDE
BIANCO	MARRONE	VIOLA
BLU	NERO	

TROVA LE 8 DIFFERENZE

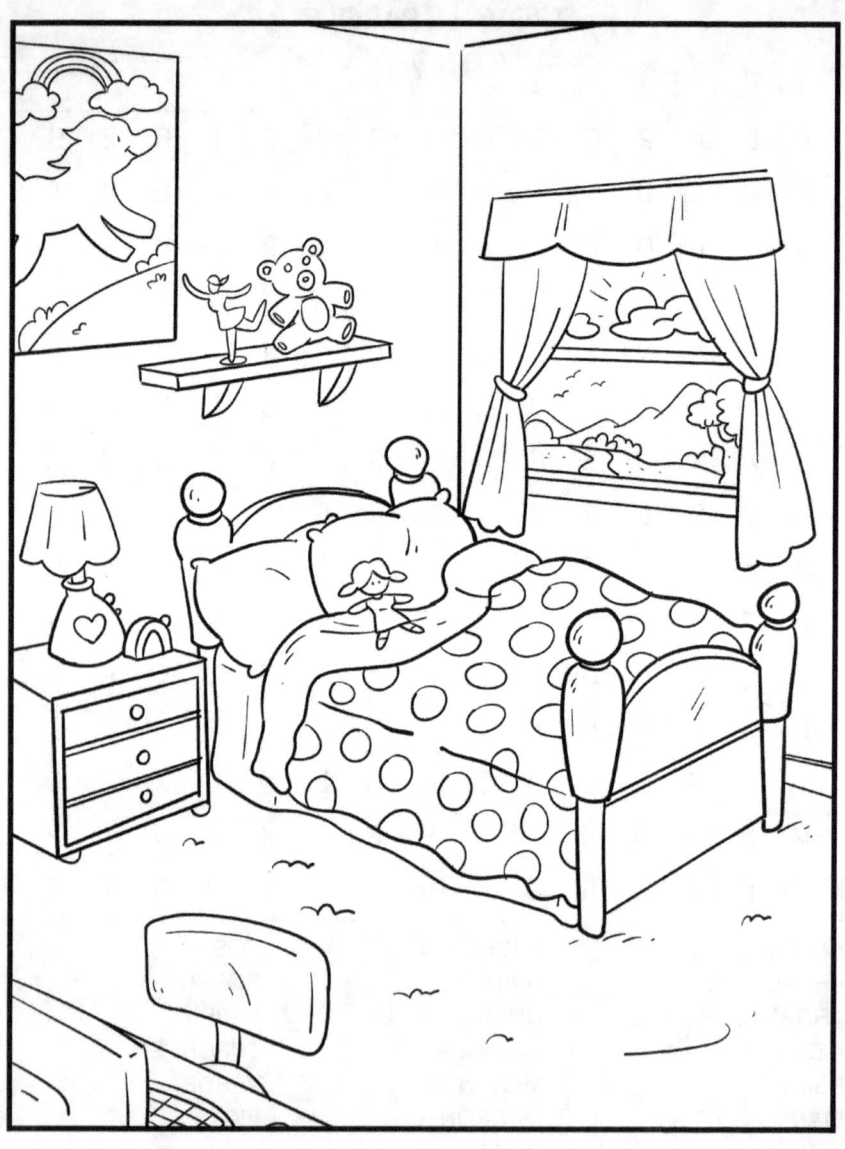

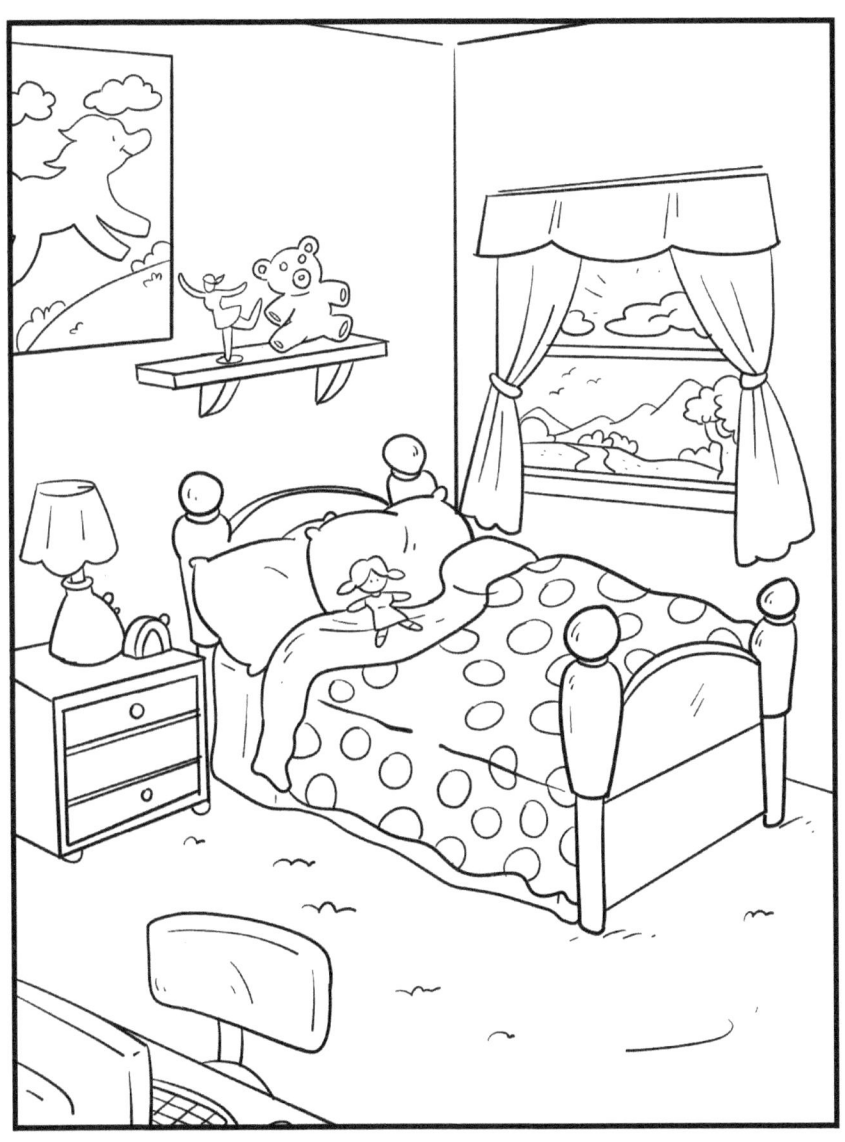

INDOVINELLO #4

Quale bicchiere si riempirà per primo?

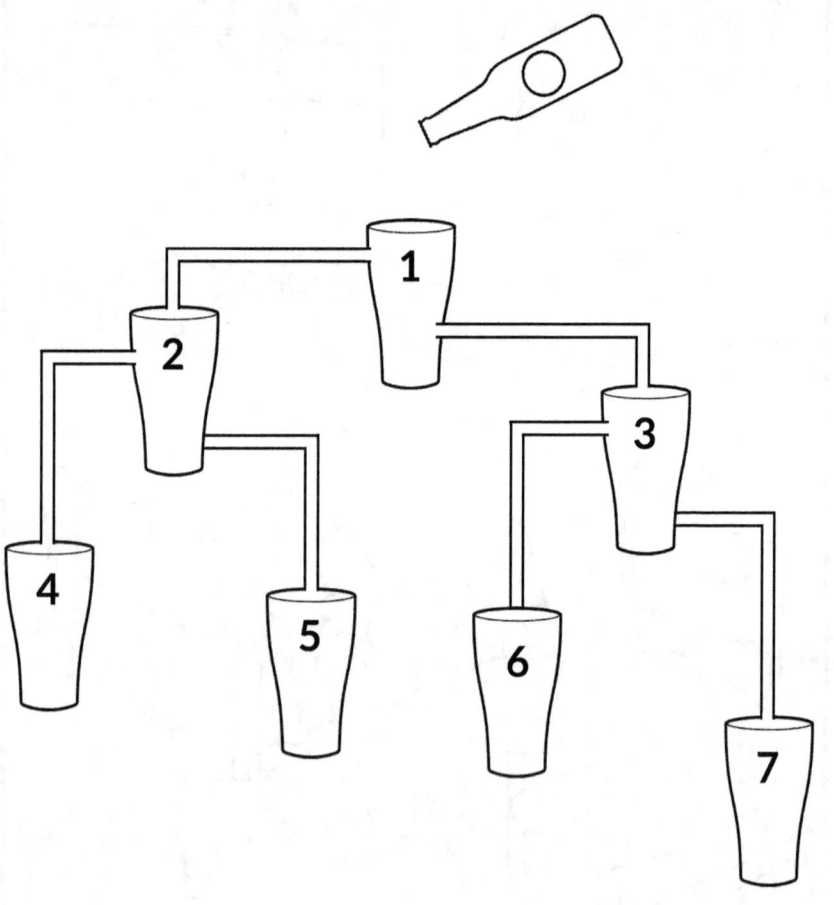

TROVA I NUMERI #3

1	0	3	4	5	4	2	3	0	3	4	8	4	7	1
0	2	4	2	8	2	3	1	9	7	7	4	9	7	2
1	7	8	8	1	7	4	0	2	4	4	1	4	2	1
5	9	2	0	3	6	0	5	1	7	9	9	7	2	2
0	4	1	2	8	0	1	4	0	2	4	7	6	4	4
8	3	6	5	1	8	1	3	2	9	8	6	0	7	1
9	8	6	3	8	4	4	0	6	2	4	2	3	0	1
4	8	4	9	7	8	4	3	0	9	0	9	4	8	6
7	1	6	9	2	5	9	4	1	9	3	0	3	7	3
0	4	0	7	7	3	4	4	4	0	9	2	6	3	8
1	5	8	3	6	4	7	1	3	1	5	5	6	3	0
4	4	3	8	3	0	2	0	2	7	7	9	4	9	0
6	9	9	2	5	4	6	3	0	7	7	0	4	5	3
0	8	4	5	9	4	9	9	4	8	5	4	8	7	0
1	7	9	6	3	9	5	4	3	2	4	5	3	8	5

10394	383647	6083949
17088	583647	9438814
044836	588943	24324794
47603	0770364	30128247
54301	774972	508947014
92036	843090	748430324
240784	845949	57495013488
340114	6007949	

TROVA I NUMERI #4

9	1	3	4	9	7	0	4	7	9	7	6	8	1	3
0	3	0	6	1	8	0	4	7	0	9	5	0	7	3
1	2	4	5	4	0	3	4	4	4	9	7	4	1	4
3	8	5	6	4	3	5	4	8	0	3	3	4	2	9
4	4	4	7	7	4	2	7	9	0	5	1	4	0	9
7	3	4	8	0	6	1	8	9	7	8	6	7	7	6
8	0	3	3	4	1	0	6	4	7	6	6	3	4	8
0	2	3	3	4	1	0	7	3	3	8	8	9	5	7
9	3	3	8	0	8	0	2	1	8	3	2	1	7	1
8	4	1	3	0	9	2	1	4	0	2	0	8	4	3
8	2	9	6	4	3	0	3	1	9	8	0	5	4	3
5	1	9	7	8	1	9	5	5	8	0	1	4	8	8
8	3	4	8	0	4	1	5	4	1	4	6	4	1	3
4	7	3	4	9	0	7	4	6	8	1	3	8	9	5
3	6	3	8	1	8	2	8	9	5	2	5	9	1	6

020843	6144501	414794443
24774	7038039	705907408
50334	8281836	809885843
051409	9420107	83186470943
80334	20745744	186797407943
94114	28797501	
941801	67833836	
1402836	341867943	
5140843	410118439	

Quiz

Quale di questi pesci è un salmonide?

Il luccio
Il pesce persico
Il pesce gatto
La trota

Freddure

Come disse mio cugino nato in Russia: - Io Andrey...

Lo sapevi che?

Frutta e verdura sono quasi sempre ben in vista all'ingresso dei supermercati. E' una scelta di marketing messa in atto dagli addetti ai lavori in modo tale da favorire e condizionare positivamente la propensione all'acquisto da parte del consumatore.

Quiz

Quando è andato via Alessandro Del Piero dalla Juventus?

2012
2011
2009
2008

Chi dipinse il quadro "Nascita di Venere"?

Picasso
Giotto
Botticelli
Da Vinci

Qual è il nome dell'osso del tallone?

Calcagno
Tarso
Alluce
Banca

SUDOKU #8

3		8		6				
4				9		3		7
	5				3			6
	3						6	
	8	5		3			1	
	9		6	8		7		
	2		3	4	6	8		
		1			9	6		
			8		1	9	7	4

PAROLE CROCIATE #5

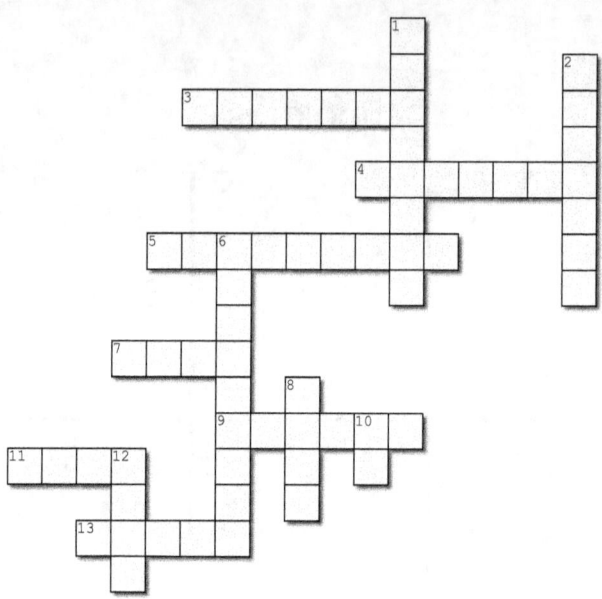

Orizzontale

3. Un riparto per le truffe
4. Richiama i tifosi allo stadio
5. Narrato nei minimi particolari
7. Un frutto dalla polpa verde
9. Immane come certi errori
11. Si rilascia a chi è autorizzato
13. Composte di vari ingredienti

Verticale

1. Gli uomini la portano al collo
2. Si dà alle posizioni nemiche
6. Tra due anni potrà votare
8. Il punto dove il fiume sbocca
10. Lo dice chi non è convinto
12. Ai Cinesi piace la sua salsa

REBUS #5

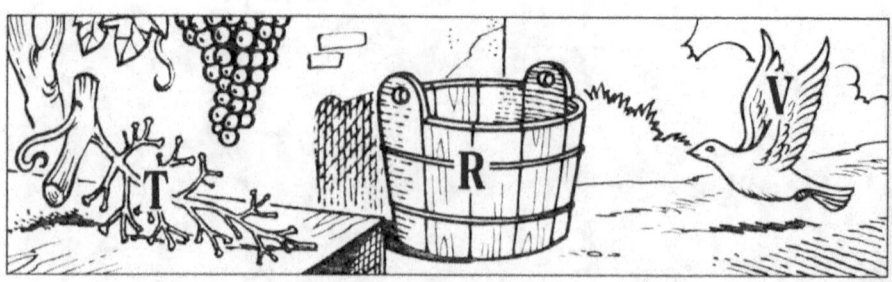

INDOVINELLO #5

Quanti quadrati riesci a trovare?

TROVA LE 8 DIFFERENZE

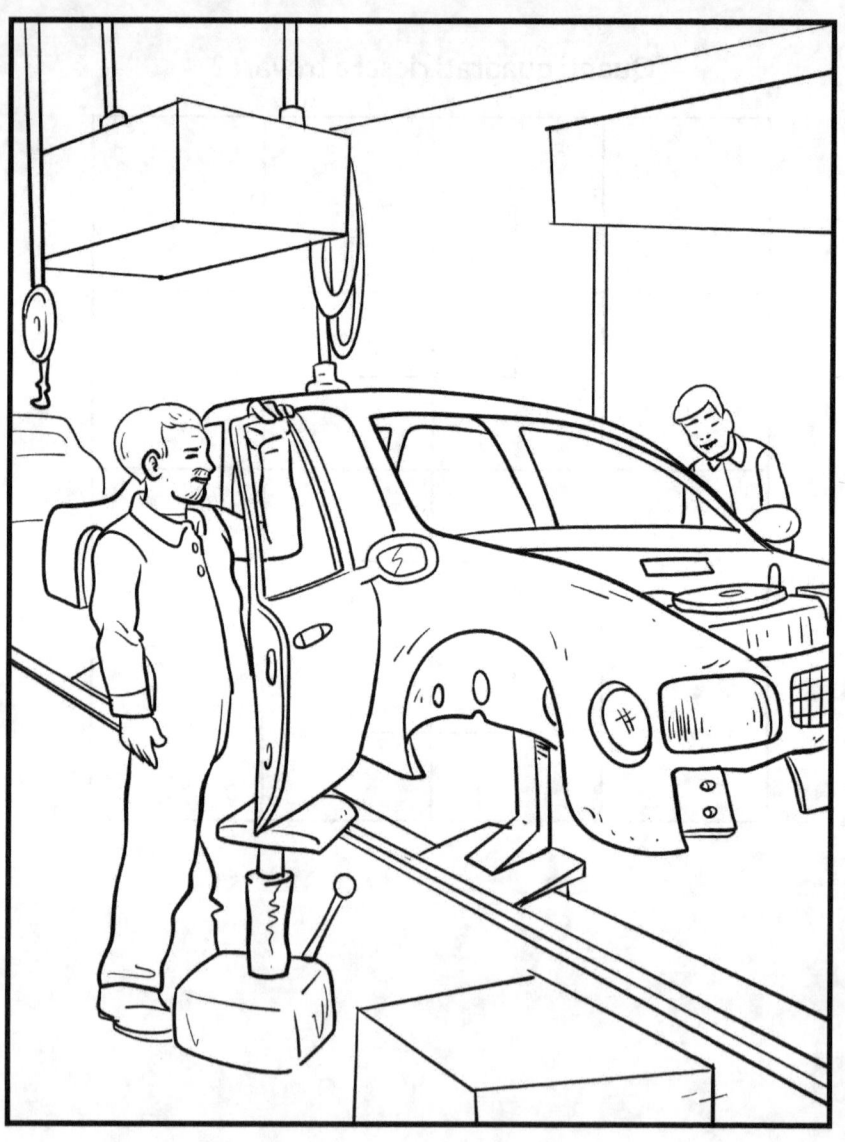

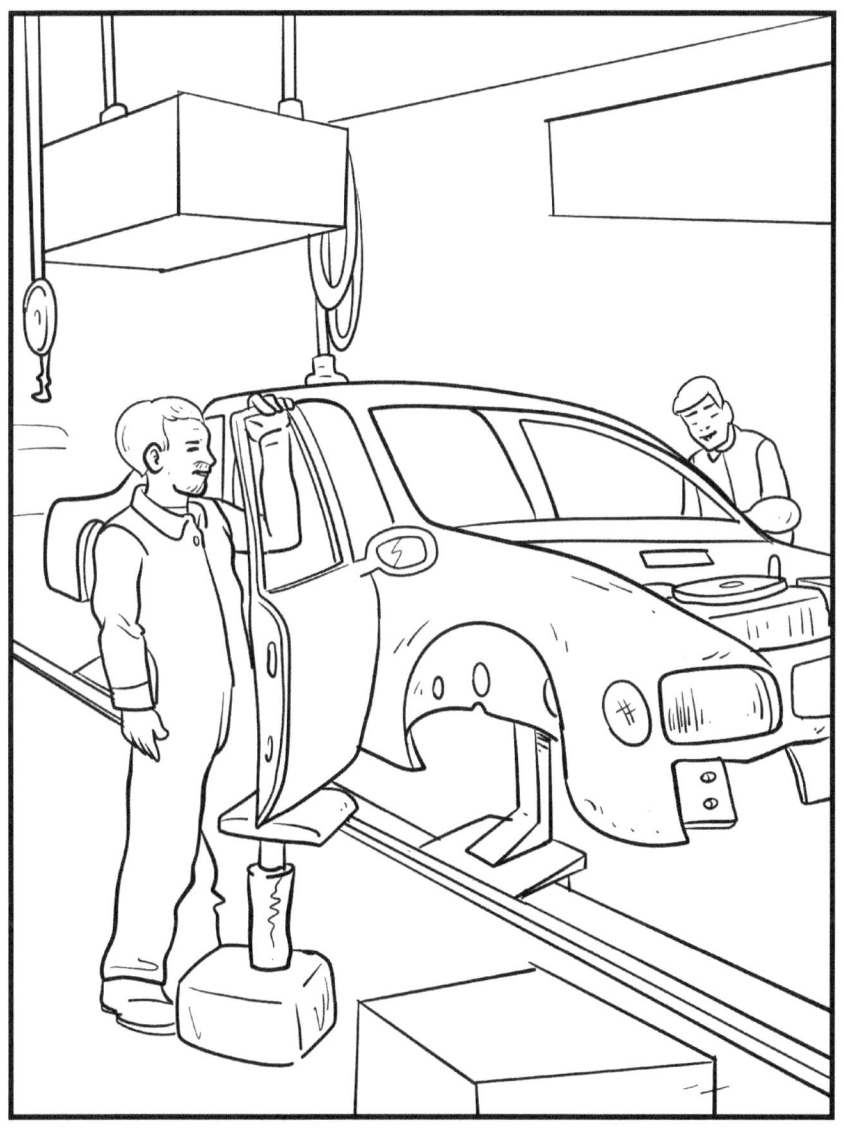

SUDOKU #9

8			1	6			7	
								8
	4		3		8			
4		1					8	2
		2		8	7		9	
	3		9			5	6	4
1	6	9	7					3
				1				
			8	9	5	1	2	

Lo sapevi che?

Le banane sono curve perché crescono verso il sole

TROVA I NUMERI #5

```
0  8  0  1  5  1  3  8  9  8  0  0  4  4  2
4  0  4  1  5  0  8  4  7  4  7  5  9  2  2
7  5  2  4  8  6  0  8  9  4  2  8  9  4  2
1  5  1  9  0  8  8  2  5  6  4  2  4  5  5
7  2  1  1  7  4  0  8  9  4  3  4  5  9  6
4  0  3  4  3  0  8  0  5  2  2  8  4  5  3
2  1  2  5  2  3  0  2  4  1  1  0  1  4  1
3  5  1  0  5  2  0  8  6  4  2  8  8  7  5
8  2  0  8  4  3  4  1  3  6  2  0  3  9  0
1  7  7  0  7  1  9  8  7  1  8  3  6  2  4
8  5  4  2  5  0  2  4  3  0  1  5  2  4  0
1  3  3  3  1  9  2  3  3  4  6  4  8  7  4
1  0  4  3  0  1  1  0  8  2  7  0  4  9  3
4  0  0  4  4  3  3  8  0  2  2  4  8  7  2
4  8  6  7  0  3  3  5  7  0  8  7  8  4  0
```

008983	1011420	547924797
51034	02078114	17423818114
107434	6071033	248608942894
301108	7408943	670335708784
415084	22083344	
578824	50803430	
871836	071836943	

TROVA LE 8 DIFFERENZE

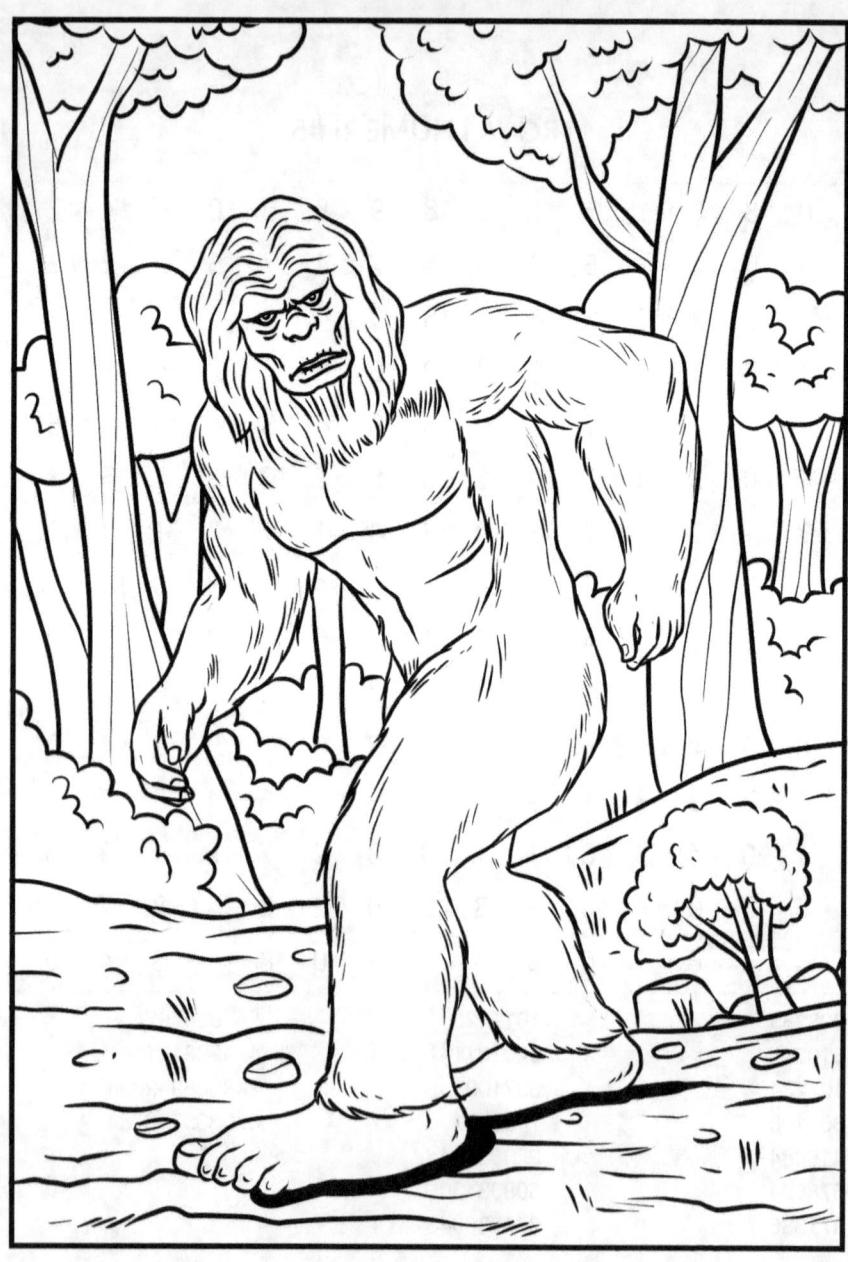

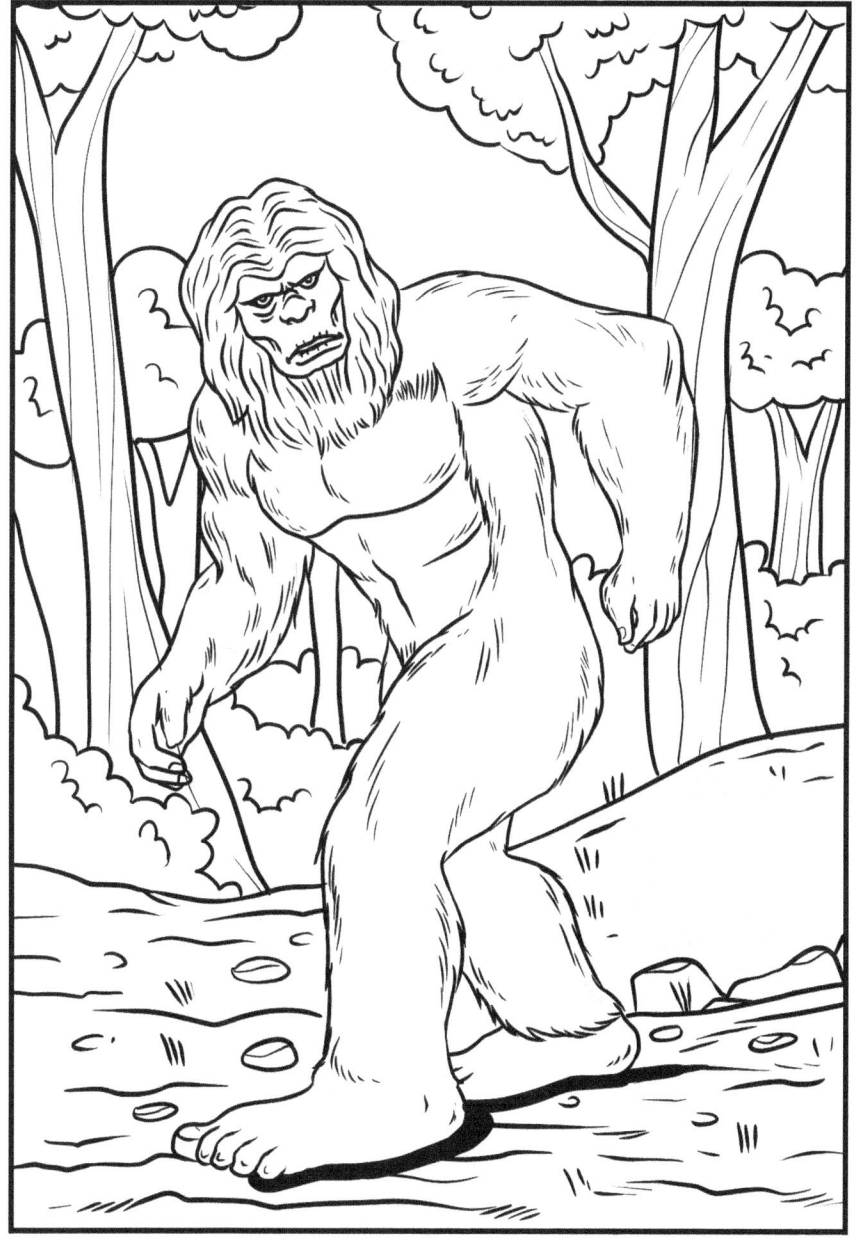

COMPLETA IL LABIRINTO

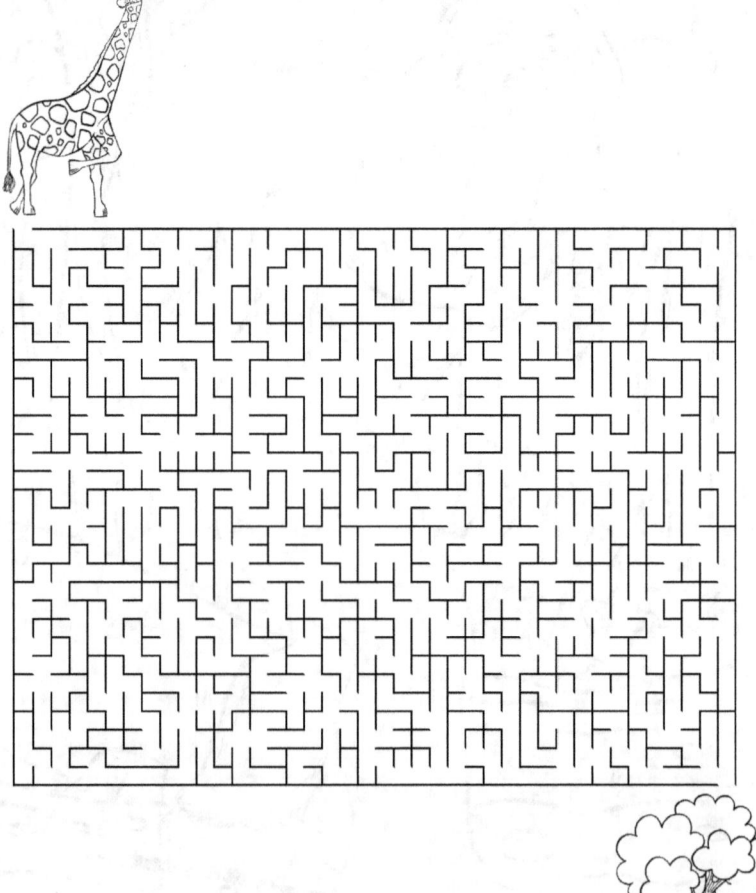

SUDOKU #10

		4			3			6
		3	7					2
	6		4	2	8		3	1
	4	5						
		1				6		3
3	2		1			9		
		8	9	5			6	
6							4	5
5	3	7			1			

Quiz

Cosa prevedeva l'operazione Barbarossa?

Invadere la Cina
Invadere la Polonia
Difendere Berlino
Invadere l'URSS

Come era soprannominato il capo della banda della Magliana?

Il coreano
Er freddo
Il libanese
Bufalo

Chi è il padre dell'impressionismo?

Monet
Picasso
Cezanne
Nessuno tra questi

INDOVINELLO #6

Quanti quadrati riesci a trovare?

SOLUZIONI: SUDOKU

Sudoku #1

3	1	6	4	9	7	5	8	2
4	5	8	3	6	2	1	7	9
9	2	7	1	8	5	3	6	4
5	9	3	8	1	6	2	4	7
8	4	2	7	5	9	6	3	1
6	7	1	2	3	4	9	5	8
7	8	5	6	2	1	4	9	3
2	6	4	9	7	3	8	1	5
1	3	9	5	4	8	7	2	6

Sudoku #2

8	5	3	7	4	2	9	1	6
6	4	1	3	5	9	7	2	8
9	2	7	6	1	8	3	4	5
4	9	6	1	8	7	2	5	3
7	8	5	2	3	4	6	9	1
3	1	2	5	9	6	4	8	7
2	6	9	8	7	1	5	3	4
1	3	4	9	6	5	8	7	2
5	7	8	4	2	3	1	6	9

Sudoku #3

1	8	7	6	4	3	2	9	5
3	4	9	5	2	7	1	8	6
2	6	5	1	9	8	7	4	3
7	3	4	8	6	5	9	2	1
8	9	6	3	1	2	5	7	4
5	2	1	4	7	9	3	6	8
9	1	3	2	8	4	6	5	7
6	7	8	9	5	1	4	3	2
4	5	2	7	3	6	8	1	9

Sudoku #4

9	4	6	2	3	1	5	7	8
5	2	3	4	7	8	9	1	6
7	1	8	5	9	6	3	2	4
6	7	1	9	2	5	4	8	3
2	3	4	8	6	7	1	5	9
8	5	9	1	4	3	2	6	7
1	6	7	3	5	4	8	9	2
3	9	5	6	8	2	7	4	1
4	8	2	7	1	9	6	3	5

Sudoku #5

2	7	5	8	3	4	9	1	6
1	8	9	6	5	7	3	2	4
3	4	6	1	9	2	5	7	8
8	3	2	5	6	9	7	4	1
4	9	7	2	1	3	6	8	5
5	6	1	7	4	8	2	3	9
9	5	8	3	7	1	4	6	2
7	2	4	9	8	6	1	5	3
6	1	3	4	2	5	8	9	7

Sudoku #6

2	5	4	1	6	7	8	9	3
8	3	6	9	2	4	1	7	5
1	9	7	8	3	5	6	2	4
6	8	9	3	1	2	5	4	7
5	4	2	6	7	9	3	1	8
7	1	3	4	5	8	2	6	9
4	6	5	7	8	1	9	3	2
3	7	8	2	9	6	4	5	1
9	2	1	5	4	3	7	8	6

Sudoku #7

1	3	2	5	4	8	9	6	7
5	8	9	6	7	3	2	4	1
4	6	7	1	2	9	5	3	8
6	9	1	7	3	5	4	8	2
2	5	8	9	6	4	1	7	3
7	4	3	8	1	2	6	5	9
9	7	4	3	5	1	8	2	6
3	1	5	2	8	6	7	9	4
8	2	6	4	9	7	3	1	5

Sudoku #8

3	7	8	2	6	4	1	9	5
4	1	6	5	9	8	3	2	7
2	5	9	1	7	3	4	8	6
7	3	4	9	1	2	5	6	8
6	8	5	4	3	7	2	1	9
1	9	2	6	8	5	7	4	3
9	2	7	3	4	6	8	5	1
8	4	1	7	5	9	6	3	2
5	6	3	8	2	1	9	7	4

Sudoku #9

8	2	3	1	6	9	4	7	5
9	1	7	2	5	4	6	3	8
5	4	6	3	7	8	2	1	9
4	9	1	5	3	6	7	8	2
6	5	2	4	8	7	3	9	1
7	3	8	9	2	1	5	6	4
1	6	9	7	4	2	8	5	3
2	8	5	6	1	3	9	4	7
3	7	4	8	9	5	1	2	6

Sudoku #10

2	8	4	5	1	3	7	9	6
1	5	3	7	6	9	4	8	2
7	6	9	4	2	8	5	3	1
9	4	5	3	7	6	2	1	8
8	7	1	2	9	4	6	5	3
3	2	6	1	8	5	9	7	4
4	1	8	9	5	2	3	6	7
6	9	2	8	3	7	1	4	5
5	3	7	6	4	1	8	2	9

SOLUZIONI: TROVA LE PAROLE

ARREDAMENTO

A	M	A	C	A	R	M	A	D	I	O				
E	O	O	Z	A	D	A	P	M	A	L				
L	R	N	N	L	A	M	P	A	D	A	R	I	O	
E	I	E	I	A	E	O	S	S	A	R	E	T	A	M
T	L	B	I	D	V	D			P	P		T		
T	S	O	R	L	O	I	E			O		A		
O	S	C	S	E	E	M	D	R		L	U		P	
	E	A	N	R	D	O		C	T		F	P		
		D	F	E	I	N	C		R			E		
		I	F	M	A	A		C	N		O			
A	D	N	E	T	E	A		C	N		O			
T	A	V	O	L	O		L		A					
	S	C	A	R	P	I	E	R	A					

CAPITALI EUROPEE

M			A	O	S	B	O	L	O	N	D	R	A
N	A		T	D	N	E	U	N	P	R			
H	E	D		E	I	I	I	L	D	I	R	O	
E		H	R	N		G	R	L	L	A	L	A	M
L		G	E			I	D	R	E	P	B	G	A
S			A	T		R	A	E	X	E	U	A	
I			N	S		A	M	B	U	S	D		
N				E	M		P					R	T
K	A	N	N	E	I	V	P	A					B
I	L	I	S	B	O	N	A	O					
							C						

VIAGGIARE

O	T	R	O	P	O	R	E	A	U	T	O	B	U	S
I	C	H		T	T		V	O	A	S		I		
S	R	A	O		R	T	V	R	E	S	O	R	T	
P	Z	A	M	T		E	E		V					
I	A		L	P	E		N	N	I	A				
A	I	S		O	E	L	D	T	O	L				
G	N		S		C	R	A	U		I	G			
G	O			A		I		R		G		I		
I				P		R	A		I		B			
A	N	G	A	T	N	O	M	U		A				
						R		A						
						T								
						O								

GENERI MUSICALI

B	C	A	R	A	I	B	I	C	A	D		F	P
L	O	A	C	O	U	N	T	R	Y		A	U	O
U	P	C	C	I	N	O	I	S	U	F		N	P
E	A	O	S	I	S	O		T	P	A	R	K	C
S	R	N	H	I	N	S	R	J	A	Z	Z		E
E	E	I	P	D	O	A	I	P	L	K	C	O	R
G		G	T	I		R	L	E	A	I			
G			G	A	H		T	C	N	R	A		
A			A	L		T		T	T	N			
E			E			E		A		A			
T						L		L					
O						E		E					
N													

ARREDAMENTO

E	O	G	I	G	L	I	O	L	A	A			
A	V	N	E		A	R	A	N	A	S	S		
P	R	E	A	L		I	P	D	A	N	O	O	
E		T	N	F	O	S	L	A	N	P	T	M	R
O		A	S	A	O	S		O	P	A	I	A	I
N		L	E	C	R	A		N	A	V	L	N	M
I			O	N	U	A	R		G	V	A	U	A
A			R	I	I	B	G	I		A	E	L	T
			C		V	G			G		M	R	
M	A	R	G	H	E	R	I	T	A				O
A	L	U	M	I	R	P							
			D										
			E										
			A										

CAPITALI EUROPEE

E			I	B	C			V	G	I				
L	P		E	F	A	C	O	C	E	R	O	H	P	
E	E	O		N	B	C			L	E	P			
G	T	O	L	A	B	C			P	P	O			
G	A	N	N	I		U		O	E		E	A	P	
A	I	Z	A	E	T	I		D	I	R		R	O	
	R	R	Z	F		N		R		B	G		D	T
	B	A	E	E	O	A	I			B	I	O	A	
		E	F	L	L		L			I	T	M		
		Z	F	L	E	L				N	O			
P	I	T	O	N	E	A	A	O	Z	Z	U	R	T	S
L	E	O	P	A	R	D	O							
A	T	S	U	G	N	A	M							
E	T	N	O	R	E	C	O	N	I	R				

VIAGGIARE

A	L	A	B	A	M	A	R	I	Z	O	N	A	
C	A	L	I	F	O	R	N	I	A		H	A	T	U
I		D	K	G	N	E	S	A	X	E	T	I		V
	L		I	R	R	E	E		I			O	I
		L		R	O	O	W	S		D			R
			I		O	Y	E	J	S		N		G
				N		L	W	G	E	E		I		I
					O		F	E	R	N			N
			M	I	C	H	I	G	A	N		S	N		I
A	I	N	A	V	L	Y	S	N	N	E	P	E	E	A
S	T	T	E	S	U	H	C	A	S	S	A	M	Y	T
N	O	T	G	N	I	H	S	A	W					
N	I	S	N	O	C	S	I	W						

GENERI MUSICALI

A	E	A	R	G	E	N	T	O	B	E	I	G	E	B
M	U	N	O		L	F	O	R			N	I		
B	A	L	O	L		A	U	M	I	R			E	A
R	R	T	B	I	L	V	C	O	A	G	U		R	N
A	O	A	N		C	A	S		S	R	I	Z	O	C
V	S	T	I	E		N	I			S	R	R	Z	O
E	A		U	B	G	D	A	G			O	O	G	A
R			R	B	A		R			R	N			
D			C	A	M		A	L	O	I	V	E		
E				H	S									
				E										
					S									
					E									

SOLUZIONI: TROVA I NUMERI

TROVA I NUMERI #1

4			4	1	8	9	4	7	5	7	4	9	3	8
4	7		8	1	1	0	2	5	4	1	0	2	5	4
	3	7	2	3	5	8	2	4	2	7	4	0	2	
	5	8	4	7	7	5		4	7	4	1	0	3	3
2		4	2	1	0	8	0				7	8	8	
	0		0	7	4	3	1	4			4	8	9	
9	2	7	2	3	4	0	1	7	0		1	9	4	
0	7		7		0	5	1	4	0	2		1	9	3
7	8	9	8	8		9	5	1	7	4		4	8	4
6	9		0		8		1	4		7	5	6	3	1
0	4			5		7		4	2		4	7	6	7
4	4			7		8	0			4	1	4		
8	0	4	5	0	3	4	1	1		5		1	4	4
8	0		2	7	0	9	4	7	1	0	0	4	0	0
4				7	0	4	9	3	3	0	7	6	7	

TROVA I NUMERI #2

4	1	8	9	2	0	4	8	3	0	7	
				8	4	5	4	9	4	8	8
		2	4	1	0	1	4	3	9		
		9	8	4	1	0	9	0	2		
	4				0						
	3		7	4	0	2	9	8	4	3	
	3		5		2	1					
	8		4	2	8	3	0	6	7	4	
	5			2	3	3					
5	7	4	9	4	8	3	4		8		
	8	4	9	4	1	4	7	9	2	4	1	4
4	9	0	7	3	4	7	4	1	7	0	2
	3	4	0	9	7	0	1				

TROVA I NUMERI #3

1	0	3	4	5	4	2	3	0	3	4	8	4	7
			8		3		9	7	7	4	9	7	2
			7	4	0		4			4			
5	9	2	0	3	6	0		1	7	9		7	
0	4			8		1	4		2	4	7	6	
8	3		5		8	1		2		8	6	0	
9	8	6	3	8	4	4	0			2	3	0	
4	8	4			8	4	3	0	9	0		4	8	6
7	1	6	9			9		1				7	3
0	4	0		7			4		0				
1	5	8	3	6	4	7	1	3	1	5			
4		3				2	0			7	9		
		9			4	6	3	0	7	7	0	4	
	8	4	5	9	4	9	9	4			8	7	
		9				4		2			8	5	

TROVA I NUMERI #4

	1	3	4	9	7	0	4	7	9	7	6	8	1
	0		1	8	0	4	7	0	9	5	0	7	
	5		0	3	4	4	4	9	7	4	1	4	
	6	4		5	4	8	0	3	3	4	2		
	4	7	7	4	2	7	9	0	5	1	4	0	9
7		8	0		1		9	7				7	
8	0		3	4	1		6	4	7	6		4	
0		3	3		1	0		3	3	8	8		5
9		8		0	2	1	8	3	2	1	7		
8		3	0		1	4	0	2	0	8	4	3	
8		6	4	3		1	9	8	0	5	4	3	
5			1	9		8		1	4				
8	3	4	8	0	4	1	5		4		4	1	
4		3	4	9	0	7	4	6	8	1	3	8	9
3	6	3	8	1	8	2	8	9			9		

TROVA I NUMERI #5

					3	8	9	8	0	0				
	4	1	5	0	8	4								
	2	4	8	6	0	8	9	4	2	8	9	4		
1							6							
7			7	4	0	8	9	4	3					
4	0	3	4	3	0	8	0	5		8		5		
2	1			3	0	2	4	1	1	0	1	4		
3		1			0		4	2	8	8	7	5		
8		0	8			1							9	0
1		7		7		8	7	1	8	3	6	2		
8		4			0		4	3	0	1	5		4	
1		3			2			6				7		
1		4	3	0	1	1	0	8				9		
4			4	4	3	3	8	0	2	2		7		
	6	7	0	3	3	5	7	0	8	7	8	4		

SOLUZIONI: QUIZ

Chi è il regista di "Interstellar"?

Christopher Nolan X
David Lynch
I fratelli Coen
George Lucas

Quale è la capitale di Malta?

Mdina
Rabat
Birgu
Valletta X

Chi era solito dipingere volti umani con le sembianze di frutta?

Van Gogh
Caravaggio
Arcimboldo X
Nessuno di questo

Chi sono i Dallas Cowboys?

Una squadra di calcio
Una squadra di basket
Una squadra di football americano X
Nessuna di queste

Chi ha scritto la saga "Shadowhunters"?

Stephen King
Cassandra Clare X
Charles Bukowski
J.K. Rowling

Chi inventò la moneta?

Cinesi
Indiani
Fenici X
Americani

Cosa significa in greco "eros"

Amore X
Tristezza
Paura
Felicità

Mondiali 2006 in Germania.
Chi segnò il goal vittoria contro l'Australia?

Totti X
Del Piero
Pirlo

Lo scirocco è un vento che proviene da:

Sud-est X
Sud
Sud-ovest

Ci sono esseri viventi unicellulari, chi sono?

I vegetali
Gli animali
Gli esseri umani
I batteri X

In quale secolo venne inventata la macchina fotografica?

800 X
900
700
300

Che tipo di acido troviamo in un limone?

Solforico
Lattico
Citrico X
Nitrico

Di quale città era sindaco Matteo Renzi?

Bologna
Pisa
Firenze X
Livorno

Chi è il santo patrono di Milano?

San Nicola
San Marco
San Siro
Sant'Ambrogio X

Come si chiama il famoso agente della serie televisiva "Il Commissario Montalbano"?

Tatarella
Catarella X
Mattarella

Che genere di romanzi ha scritto Agatha Christie?

Romanzi di Fantascienza
Romanzi Gialli X
Romanzi Storici
Romanzi di Avventura

Dove si trova Piazza Castello?

Torino X
Roma
Venezia
Palermo

Qual è il capoluogo di regione dell'Abbruzzo?

Campobasso
L'Aquila X
Pescara
Nessuna delle tre

Come si dice collina in Inglese?

Heel
Hill X
Plane
Cloud

Quale paese ha oltre 13000 isole?

Giappone
Australia
Cambogia
Indonesia X

Quando entrò in circolazione l'Euro?

2002 X
2001
2000

A che classificazione appartengono le zecche?

Insetti
Crostacei
Aracnidi X
Mammiferi

Quante volte l'Albania ha partecipato ad un mondiale di calcio?

1
3
0 X
2

Quale di questi pesci è un salmonide?

Il luccio
Il pesce persico
Il pesce gatto
La trota X

Quando è andato via Alessandro Del Piero dalla Juventus?

2012 X
2011
2009
2008

Chi dipinse il quadro "Nascita di Venere"?

Picasso
Giotto
Botticelli X
Da Vinci

Qual è il nome dell'osso del tallone?

Calcagno X
Tarso
Alluce
Banca

Cosa prevedeva l'operazione Barbarossa?

Invadere la Cina
Invadere la Polonia
Difendere Berlino
Invadere l'URSS X

Come era soprannominato il capo della banda della Magliana?

Il coreano
Er freddo
Il libanese X
Bufalo

Chi è il padre dell'impressionismo?

Monet X
Picasso
Cezanne
Nessuno tra questi

SOLUZIONI: TROVA LE DIFFERENZE

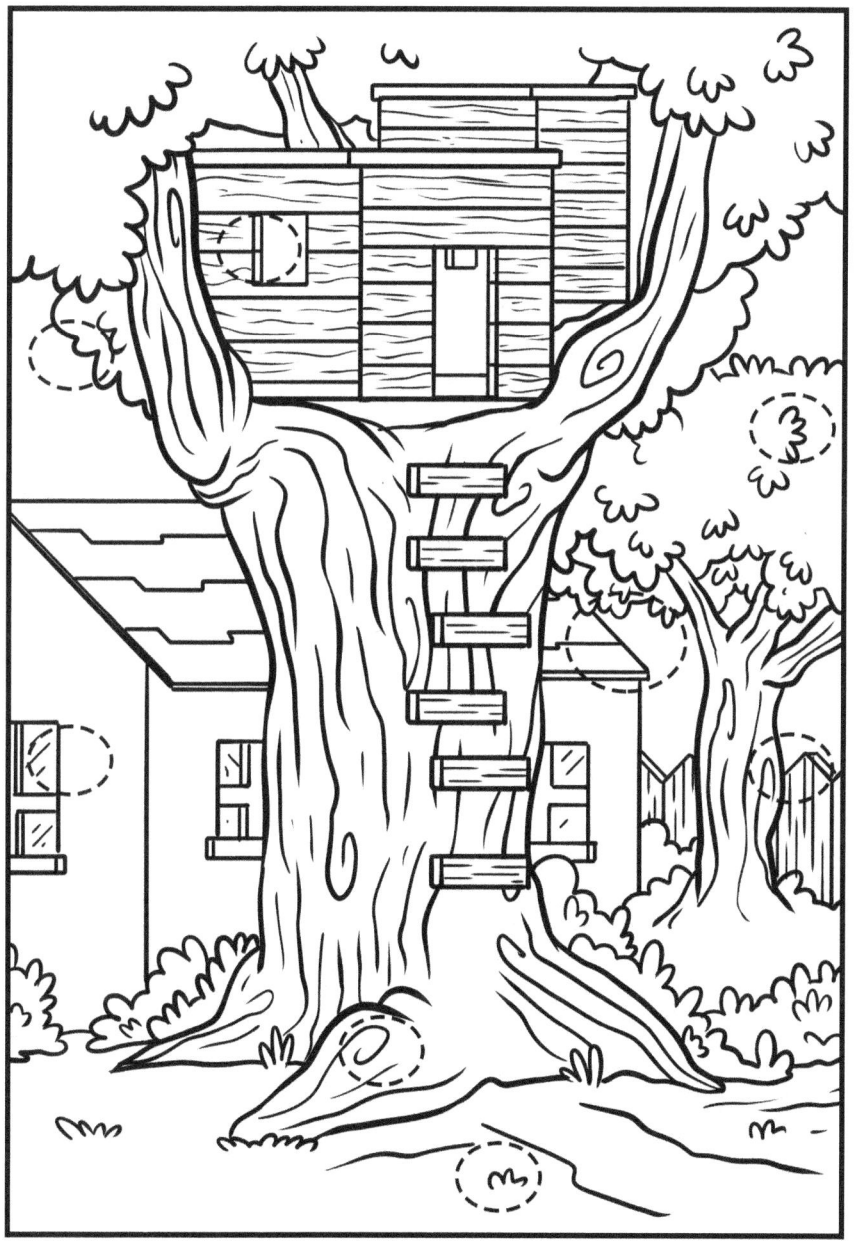

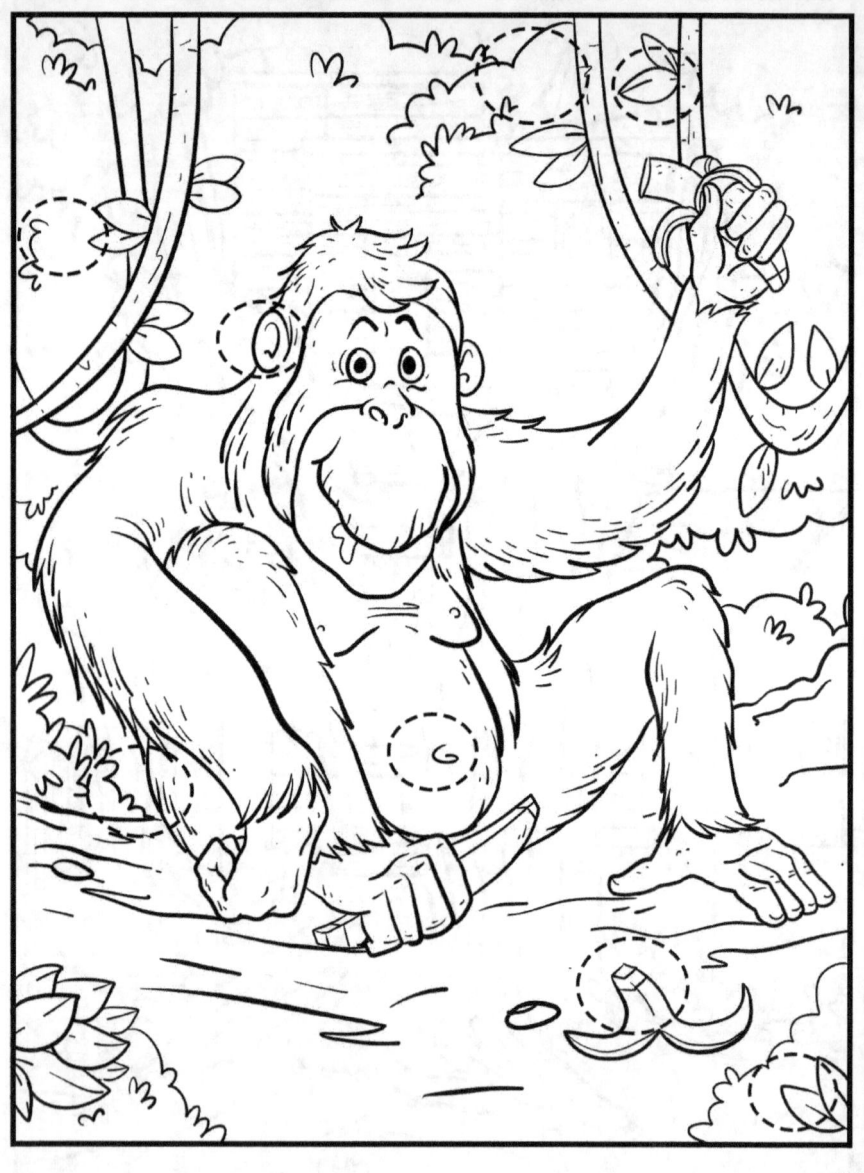

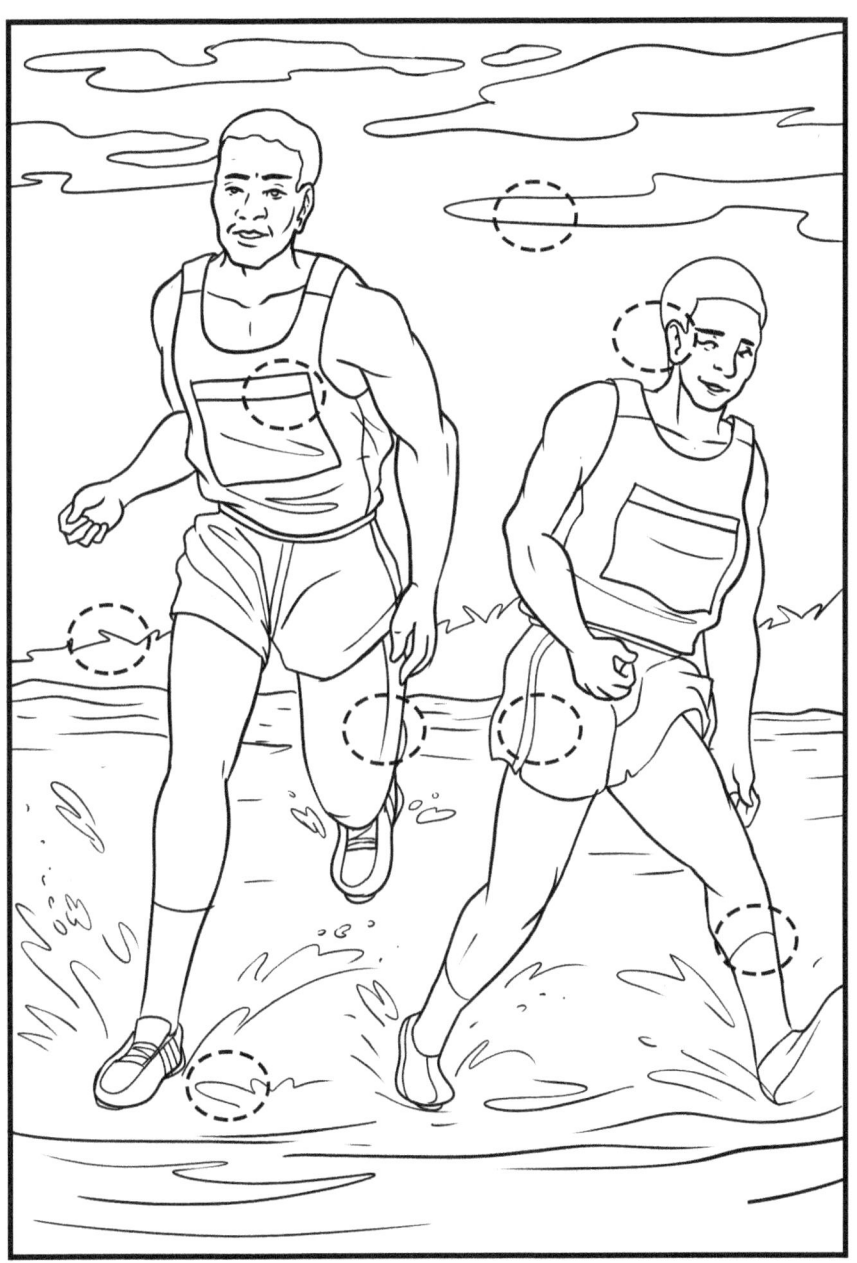

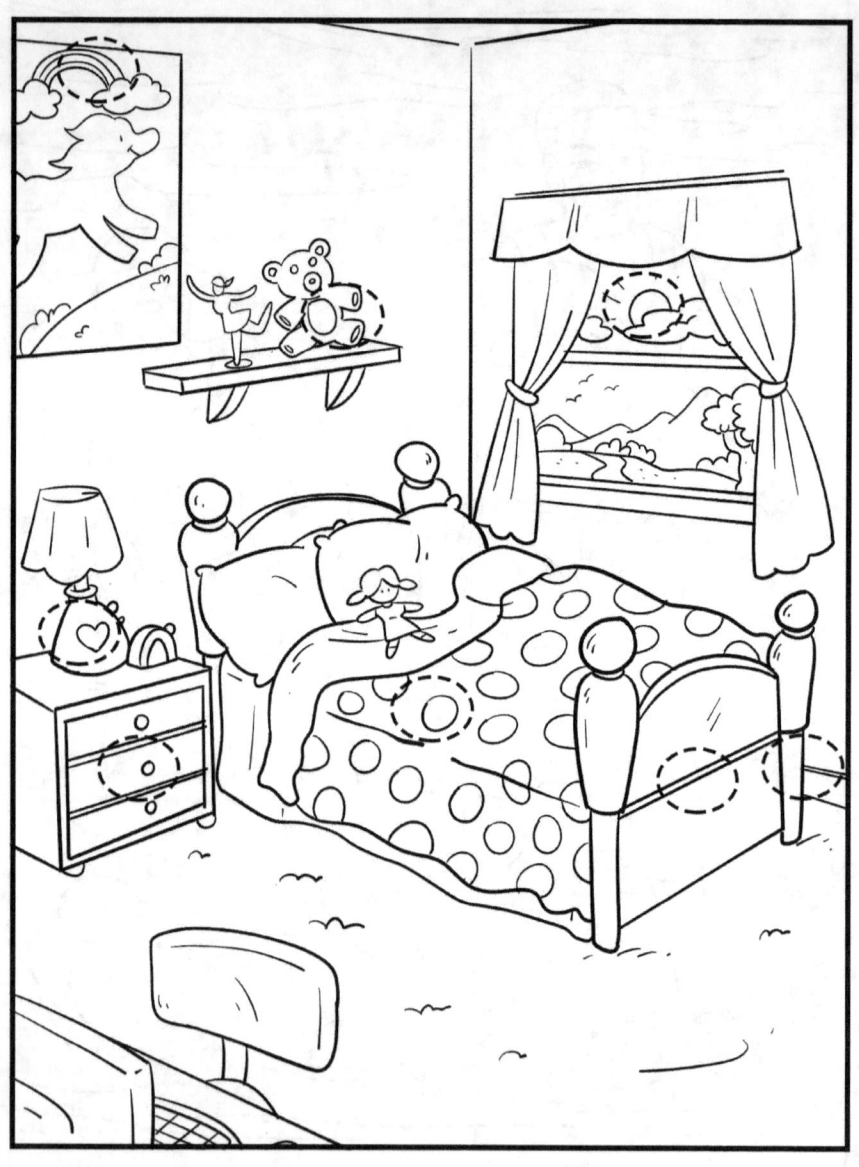

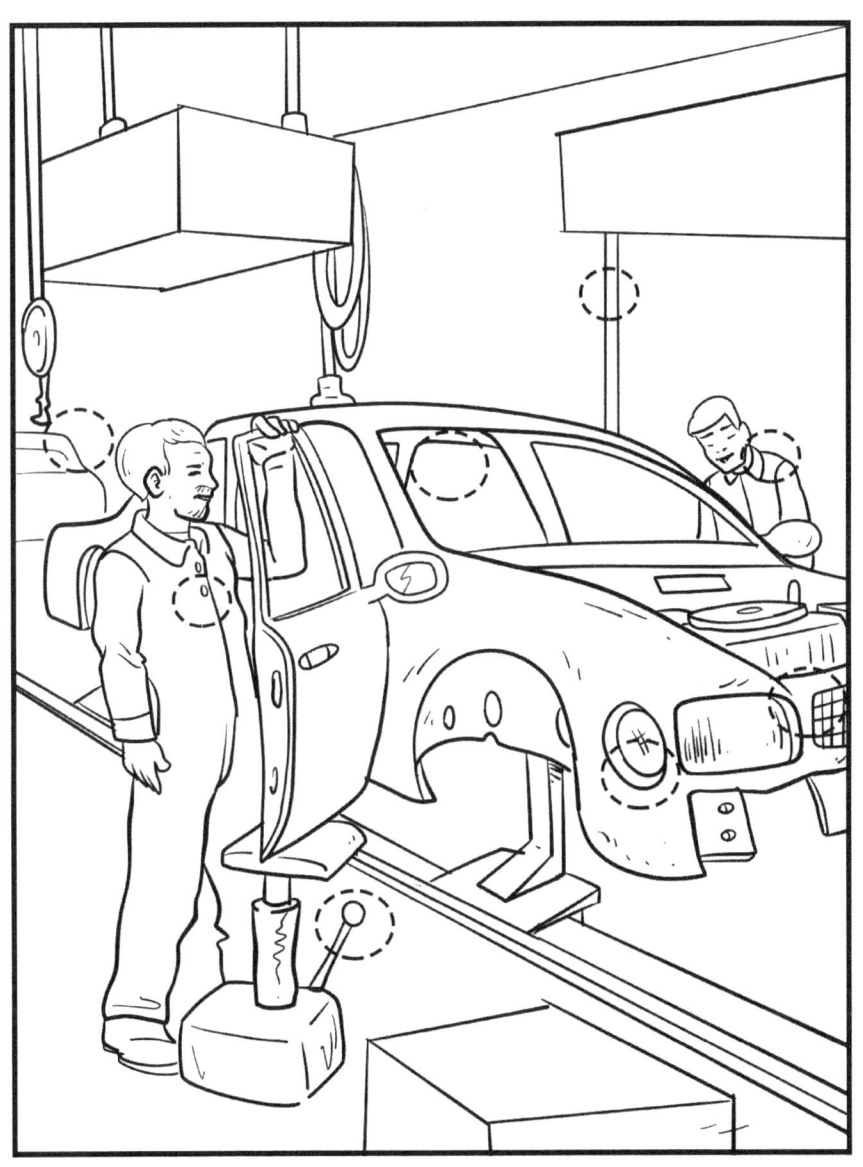

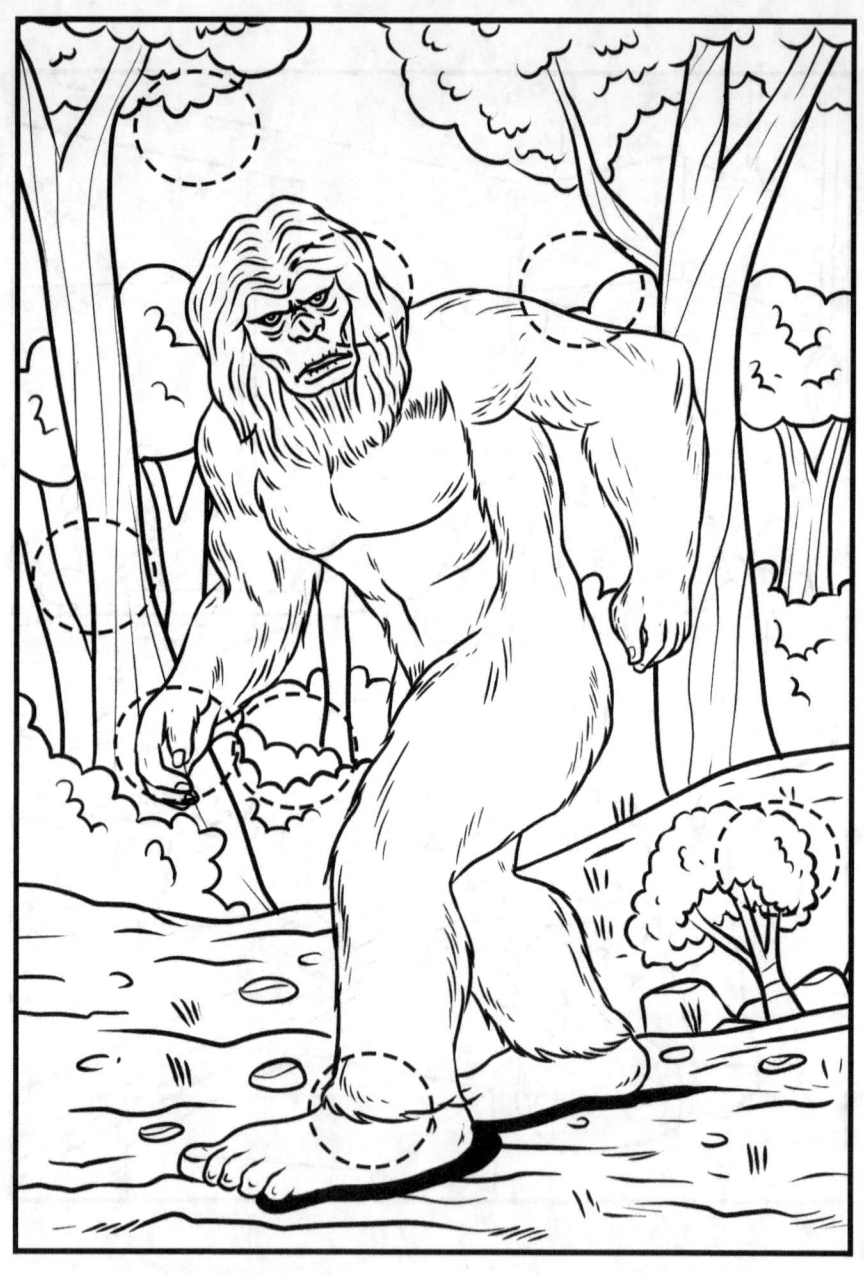

SOLUZIONI: REBUS

Rebus #1 DIF fico; L tana; S coste: **Difficoltà nascoste**
Rebus #2 UO moai; T ante: **Uomo aitante**
Rebus #3 C ibi; PIC canti: **Cibi piccanti**
Rebus #4 D; U; rischianti: **Duri schianti**
Rebus #5 T raspo; R tina; V ali: **Trasporti navali**

SOLUZIONI: INDOVINELLI

Indovinello #1: La soluzione è: 48 perché 54-6= 48
Indovinello #2: 1. I numeri si calcolano con la potenza.1 alla seconda sarà 1
Indovinello #3: Il bicchiere n°3
Indovinello #4: 11 quadrati
Indovinello #5: 40 quadrati
Indovinello #6: 21 quadrati

SOLUZIONI: PAROLE CROCIATE

Parole crociate #1:
Verticale
1. Tornaconto, vantaggio: Pro
2. Lo è il cielo sereno di notte: Stellato
3. Lo sono le briglie nel galoppo: Sciolte
6. Abbondanti e fitti: Folti
8. Provata dalla fatica: Stanca
9. Per poco non è zero: Uno
Orizzontale
4. Si stringe con la chiave inglese: Bullone
5. Una scatola musicale: Carillon
7. Fa un giro attorno al centro: Compasso
10. Erano sacri ai pagani: Numi
11. Si salvò dall'incendio di Troia: Enea
12. Un vento dell'alto Adriatico: Bora

Parole crociate #2:
Verticale
1. Insolito, fuori dall'ordinario: Strano
2. Un sostenitore accanito di un cantante: Fan
4. Il responso dell'astrologo: Oroscopo
5. E' dolce nella collina: Pendio
9. Un divertente genere teatrale: Cabert
10. Aiutano la vista: Occhiali
14. In fondo al periodo: Do
Orizzontale
3. Li impila il muratore: Mattoni
5. L'accelera il frettoloso: Passo
6. La pietra che fa scintille: Focaia
7. Tener nascosto, occultare: Celare
8. Lo ricevette Mosè: Decalogo
11. Intelletti superiori: Geni
12. Un pezzo di Olanda: Ol
13. Pianta carnosa: Agave
15. E' un somaro: Asino

Parole crociate #3:
Verticale
1. Grattacapi: Guai
2. Efficace, idoneo: Valido
3. Fra l'Europa e l'America: Atlantico
5. Un centro benessere: Spa
7. Di dubbia moralità: Losco
10. Annunciano l'arrivo delle ambulanze: Sirene
11. Una pietra qualunque: Sasso
14. Affettuosa: Cara
Orizzontale
4. Un attimo di follia: Raptus
6. Saltellano sui prati: Grilli
8. Lo è la frutta non matura: Acerba
9. Lo sono gli agnelli senza lana: Tosati
12. L'abbandonarono Adamo ed Eva: Eden
13. La si cerca per giustificarsi: Scusa
15. Produzione in massa: Serie

Parole crociate #4:
Verticale
1. Togliere lo sporco: Pulire
2. Toglie i dubbi all'arbitro di calcio: Var
3. Non può mancare in sala d'attesa: Attaccapanni
4. Si aprono dopo le votazioni: Urne
6. L'inclinazione di una discesa: Pendenda
7. I lacci delle scarpe: Stringhe
9. L'inizio del salto: Sa
11. Misura di peso: Chilo
Orizzontale
5. L'arte di Le Corbusier: Architettura
6. Il tipico bar inglese: Pub
8. Pozzi di petrolio: Giacimenti
10. Capitale della California: Sacramento
12. Permessi di guida: Pantenti
13. Un secco rifiuto: No

Parole crociate #5:
Verticale
1. Gli uomini la portano al collo: Cravatta
2. Si dà alle posizioni nemiche: Assalto
6. Tra due anni potrà votare: Sedicenne
8. Il punto dove il fiume sbocca: Foce
10. Lo dice chi non è convinto: Ma
12. Ai Cinesi piace la sua salsa: Soia
Orizzontale
3. Un riparto per le truffe: Trincea
4. Richiama i tifosi allo stadio: Partita
5. Narrato nei minimi particolari: Descritto
7. Un frutto dalla polpa verde: Kiwi
9. Immane come certi errori: Enorme
11. Si rilascia a chi è autorizzato: Pass
13. Composte di vari ingredienti: Miste

www.ingramcontent.com/pod-product-compliance
Lightning Source LLC
Chambersburg PA
CBHW070918220526
45467CB00004B/1454